Catalogue marqué.
1 Juin 1896,

PN

COLLECTION

M. D. DE Gonzalo

PREMIÈRE VENTE

OBJETS D'ART

ET DE

Riche Ameublement

TAPISSERIES

LIBRAIRIE DE H. STETTLER

PARIS   1896

CATALOGUE

DES

OBJETS D'ART .

ET DE

RICHE AMEUBLEMENT

Tabatières ; Châtelaines ; Montres ; Miniatures ; Orfèvrerie ;
Objets de vitrine ; Émaux de Limoges ; Vitraux ;
Service de table en vieux Sèvres ; Groupes en vieux Saxe ;
Bronzes d'ameublement ;
Très belles torchères Louis XVI ;
Superbe bureau à cylindre, don du Roi Louis XVI ;
Très grands Vases avec piédestaux en granit ;
Magnifique Meuble de Salon couvert en tapisserie de Beauvais ;
Broderies ; Tapisseries exceptionnelles au point ; Étoffes ;
Superbes Tapisseries des Gobelins et autres.

Le tout dépendant de

L'IMPORTANTE COLLECTION DE M. D... DE G...

ET DONT LA VENTE AURA LIEU, A PARIS

GALERIE GEORGES PETIT

8, rue de Sèze, 8

Les Lundi 1er, Mardi 2, Mercredi 3 et Jeudi 4 Juin 1896

A DEUX HEURES

COMMISSAIRE-PRISEUR	EXPERTS
Mᵉ PAUL CHEVALLIER	**MM. MANNHEIM Père et Fils**
10, rue Grange-Batelière, 10	7, rue Saint-Georges, 7

EXPOSITIONS

PARTICULIÈRE : *Le Samedi 30 Mai 1896*

PUBLIQUE : *Le Dimanche 31 Mai 1896*

DE 1 HEURE A 6 HEURES

CONDITIONS DE LA VENTE

Elle sera faite expressément au comptant.

Les acquéreurs payeront *cinq pour cent* en sus des adjudications.

L'Exposition mettant le public à même de se rendre compte de l'état et de la nature des objets, il ne sera admis aucune réclamation une fois l'adjudication prononcée.

DEUXIÈME VENTE

Les Tableaux anciens et modernes, Aquarelles et Dessins, dépendant de la Collection de M. D... de G..., seront exposés Galerie Georges Petit, 8, rue de Sèze :

Les Samedi 6 et Dimanche 7 Juin 1896

et seront vendus dans la même salle :

Le Lundi 8 Juin 1896, à deux heures

Avec le concours de M. Georges Petit, expert,

12, rue Godot-de-Mauroi, 12

(*Voir le Catalogue spécial.*)

Paris. — Imp. de l'Art, E. Moreau et Cⁱᵉ, 41, r. de la Victoire.

ORDRE DES VACATIONS *

Le Lundi 1ᵉʳ Juin 1896

Le Mardi 2 Juin 1896

Le Mercredi 3 Juin 1896

* *N. B.* — L'ordre numérique ne sera pas suivi.

Le Jeudi 4 Juin 1896

DÉSIGNATION DES OBJETS

TABATIÈRES & BONBONNIÈRES

1 — Très belle boîte ovale en or émaillé en plein, du temps de Louis XV. Le médaillon du dessus, signé : *Bourgoin Inv.*, représente Vénus et les amours dans l'atelier de Vulcain, celui du fond, Flore et Zéphyre, et ceux du pourtour, des jeux d'amours et des paysages. Chacun des sujets est encadré d'ornements et de fleurs en or de couleur ciselé en relief.

2 — Grande et belle boîte oblongue à angles coupés, du temps de Louis XVI, en or guilloché à mille raies et à pois et émaillé, en plein, gris de fer. Cordons ciselés à entrelacs émaillés vert et points d'émail en relief simulant l'opale. Le bandeau et les pilastres des angles sont rehaussés de feuillages émaillés vert. Sur le couvercle,

médaillon ovale peint sur émail et représentant
un sujet tiré de l'histoire romaine, encadré
d'un motif d'or ciselé à entrelacs et émaillé
vert et blanc.

3 — Grande boîte ovale, du temps de Louis XVI,
en or gravé à fleurs, ornements et feuillages, et
rehauts d'émail vert transparent. Sur le couvercle, médaillon ovale peint sur émail et en grisaille, qui représente une nymphe et un amour
près d'un autel, avec bordure d'ornements
émaillés vert et rose.

4 — Grande boîte ovale, du temps de Louis XVI,
en or guilloché et émaillé violet avec pilastres et
cordons ciselés à festons de fleurs et rosaces
réservés en or de couleur, sur fond d'émail
blanc. Sur le dessus, sujet tiré de l'histoire romaine peint sur émail et encadré d'un rang de
demi-perles.

5 — Boîte ovale, du temps de Louis XVI, en or
guilloché et émaillé de pois rouges sur fond
opalin. Cordons de feuillages ciselés en relief,
avec rehauts d'émail vert et points d'émail sail-

lants imitant l'opale. Sur le couvercle, médaillon ovale peint sur émail représentant Daphnis et Chloé, dans un encadrement d'or ciselé à feuillages rehaussés d'émaux verts.

6 — Boîte ovale, du temps de Louis XVI, en or guilloché à mille raies et à pois couvert d'émail gros bleu. Les pilastres et les cordons sont rehaussés de feuillages ciselés, émaillés vert et de points d'émail imitant l'opale. Sur le couvercle, médaillon ovale peint sur émail représentant une scène tirée de l'histoire romaine à deux personnages et encadré d'un rang de brillants.

7 — Boîte ovale, du temps de Louis XVI, en or émaillé, en plein, jaune orange, sur fond guilloché et décoré d'arbustes en camaïeu brun, imitant l'agate arborisée. Cordons composés de feuillages émaillés vert et rouge et points d'émail blanc et bleu. Les montants présentent des gaines surmontées d'urnes émaillées vert.

8 — Boîte ovale et plate, du temps de Louis XVI, en or émaillé en plein à arbustes en camaïeu brun et oiseaux bleus sur fond blanc. Cordons com-

posés de feuillages ciselés en relief et émaillés vert et rouge entre des filets d'émail bleu. On lit sur la gorge de la boîte : *Du petit Dunkerque.*

9 — Boîte ovale oblongue, du temps de Louis XVI, en or émaillé en plein vert émeraude sur fond guilloché, avec encadrements composés de feuillages exécutés en or de couleur sous émail et à cordons d'ornements réservés en or ciselé en relief. Sur le dessus de la boîte, médaillon ovale peint sur émail représentant un groupe de trois personnages, dans un cadre d'or gravé.

10 — Boîte oblongue arrondie à ses extrémités, du temps de Louis XVI, à fond d'émail bleu imitant le lapis et cordons, montants et rosaces en or de couleur ciselé à perles et feuillages.

11 — Boîte oblongue, à cage du temps de Louis XVI, en or gravé, à rosaces et à pilastres, garnie de panneaux d'émail rouge sur fond d'argent guilloché. Sur le couvercle, émail ovale représentant une allégorie aux lois de la pesanteur.

12 — Petite boîte ovale, du temps de Louis XVI, en

or émaillé brun et vermiculé de blanc sur fond guilloché. Encadrements d'émail blanc à points d'or réservés et pois rouges. Les montants sont ornés d'entrelacs gravés et un médaillon peint sur émail, qui représente une offrande à l'Amour, est placé sur le dessus de la boîte.

13 — Petite boîte ovale, du temps de Louis XVI, en or émaillé violet sur fond guilloché, avec cordons composés de feuillages verts et de points d'émail imitant l'opale. Sur le couvercle est un médaillon ovale qui représente, peint sur émail, un groupe composé d'une nymphe et d'un amour près d'un autel.

14 — Petite boîte ovale, du temps de Louis XVI, en or émaillé gris perle sur fond guilloché et à cordons de feuillages en relief se détachant sur un fond d'émail rosé. Sur le couvercle, médaillon peint sur émail, représentant une scène ayant trait à l'hymen.

15 — Petite boîte ovale, du temps de Louis XVI, en or émaillé rose, avec cordons formés de feuillages et montants ornés de vases ciselés en relief et rehaussés d'émail vert.

16 — Boîte ovale, du temps de Louis XVI, en or émaillé bleu et étoilé d'or. Elle est enrichie de cordons à torsades et de rosaces ciselées et elle offre, sur le couvercle, une peinture en grisaille sur émail qui représente une scène biblique à deux personnages. *2 eclats*

17 — Boîte oblongue à angles coupés, montée en or, du temps de Louis XVI. Elle est ornée de plaques d'émail à fond bleu attribuées à *Coteau*, de Sèvres. Celles du dessus et du fond représentent des jeux d'amours peints en grisaille encadrés d'ornements d'or rapportés. Au pourtour, cordons de perles imitées en émail sur fond bleu.

18 — Boîte oblongue, du temps de Louis XV, en or ciselé, représentant sur chacune de ses faces des vues de riches monuments à colonnes et des terrasses. Le monument du dessus de la boîte, animé par quelques personnages et encadré d'ornements rocaille, est enrichi de diamants incrustés.

19 — Grande boîte ovale, du temps de Louis XVI, en or de couleur ciselé, à médaillons de personna-

ges et trophées, séparés par des bustes reposant sur des gaines. Le couvercle représente une place publique avec statue de souverain. Au fond, est un groupe d'enfants figurant les sciences. Au pourtour de la boîte sont deux scènes militaires et des trophées; le tout réservé en relief sur un fond gravé à mille raies.

20 — Grande et belle boîte, du temps de Louis XV, de forme contournée, en or ciselé et gravé et enrichie de diamants incrustés. Sur le couvercle, un souverain porté sur le pavois et couronné de laurier par une Renommée ailée ; à droite et à gauche de cette scène, les figures allégoriques de la justice et de la vérité. Au fond, Minerve recevant une palme d'une figure de la gloire. Ces deux figures sont placées sous un riche monument à colonnes. Au pourtour de la boîte, trophées d'armes et ornements rocaille. On lit sur la gorge : *Mondon à Paris.*

21 — Grande boîte ovale, du temps de Louis XVI, en or de couleur ciselé à cannelures ornées et cordons de feuillages. Sur le dessus est un médaillon ovale qui représente une offrande sur l'*Autel de l'Amitié*. Le médaillon du fond offre une

figure d'amour et un terme. Les quatre médaillons du pourtour renferment des trophées d'instruments de musique.

22 — Grande boîte oblongue, du temps de Louis XV, en or ciselé à trophées d'instruments de musique, fruits, fleurs et attributs de l'amour sur fond à mille raies et ornements gravés. Chacune de ses faces est encadrée d'ornements et de feuillages.

Cette boîte, qui a appartenu à la Tour-d'Auvergne, premier grenadier de France, provient de la vente qui eut lieu en mai 1854, après le décès de F. de Lammennais.

23 — Boîte ovale, du temps de Louis XVI, en or de couleur, ciselé à médaillons, jeux d'amours et trophées, encadrés de festons de laurier et d'ornements.

24 — Boîte oblongue, du temps de Louis XV, composée d'ornements rocaille, d'enfants se livrant au plaisir de la pêche, de chiens, d'oiseaux exécutés en or repoussé et ciselé et en coquilles nacrées incrustées sur fond de nacre sculptée en relief. Elle est montée à cage en or ciselé et est doublée en or.

25 — Drageoir de forme oblongue et plate, du temps
de Louis XV, en or, le pourtour finement gravé
à figures dans des paysages, fleurs et ornements.
Le fond et le dessus sont en nacre gravée à
bâtons rompus et rosaces, et le dessus est enrichi d'un bouquet de fleurs et de fruits exécutés en corail, nacre et coquilles de diverses
nuances.

26 — Boîte oblongue, du temps de Louis XVI, composée de six plaques d'agate onyx à deux couches, gravées en guise de camées et représentant
chacune des monuments en ruines et des ornements rocaille. La plaque du dessus représente,
de plus, un paysan assis, et l'une des plaques
du pourtour, un ours. Monture à cage en or gravé
et ciselé.

27 — Boîte oblongue, du temps de Louis XV, composée de six plaques de jaspe vert uni; monture à cage en or ciselé à rocailles.

28 — Boîte de forme contournée, du temps de
Louis XV, en jaspe agate noirâtre, montée à
gorge haute à charnière et traverse sous le
fond, en or gravé à rocailles, paysage et jeux

d'enfants. Sur le couvercle, les figures d'Adam et d'Ève gravées en relief sur agate à deux couches, l'une rosée, l'autre blanche. Entre ces deux figures, arbre exécuté en or ciselé avec incrustations de diamants et rubis simulant des fruits.

29 — Boîte ovale, du temps de Louis XVI, en prisme d'améthyste blanche taillée à cuvette. Le dessus de la boîte est incrusté d'une mosaïque en relief représentant un bouquet de fleurs et exécutée en jaspe et agate de diverses nuances.

Monture à gorge à charnière en or gravé et découpé à fleurs et ornements, avec bec formé d'un bouquet de fleurs exécutées en diamants, rubis et émeraudes.

30 — Boîte oblongue, du temps de Louis XV, composée de deux plaques d'agate orientale sardoinisée, reliées par une monture d'or ciselé, à ornements rocaille et fleurs.

31 — Grande boîte, du temps de Louis XV, de forme oblongue, en jaspe agate taillé à cuvette et couverte d'un réseau d'or repoussé et découpé, qui

représente, sur le couvercle, Actéon changé en cerf et, au pourtour, des sujets de chasse et des ornements rocaille auxquels sont suspendus des festons de fleurs.

32 — Grande boîte, du temps de Louis XV, de forme oblongue, en or repoussé, à trophées d'armes, ornements rocaille, rayons et feuillages découpés à jour sur fond de cornaline et jaspe de diverses nuances. Sur le dessus de la boîte, qui est doublée en or, se voit un personnage assis devant une table. A l'intérieur du couvercle est une miniature ovale qui représente un personnage, vu en buste, vêtu de rouge et portant le grand cordon bleu.

33 — Grande boîte ovale en mosaïque, de *Neubert*, de Dresde, exécutée en jaspes de diverses nuances et cornaline sertis en or et formant des rosaces, des entrelacs et des ornements variés. Elle est doublée en or et le dessus du couvercle est orné d'un émail ovale qui représente, en camaïeu brun, le buste de Socrate.

34 — Petite boîte ovale en mosaïque de *Neubert*,

de Dresde, couverte de bouquets de fleurs exécutés en cornaline et jaspes de diverses nuances sur fond d'or gravé. Elle est doublée en or.

35 — Boîte oblongue à angles arrondis, en ancienne porcelaine de Saxe à ornements gaufrés en relief et réservés en blanc et formant encadrement à des vues de villes et à des paysages animés par des cavaliers et des personnages finement peints en couleurs. L'intérieur de la boîte est doré et le couvercle présente une scène de concert dans un parc. Monture moderne en or gravé avec bec orné de pierreries.

36 — Boîte oblongue et profonde à angles arrondis en ancienne porcelaine de Saxe, décorée en couleurs, à trophées d'armes au pourtour avec retombées de fleurs aux angles. Le dessus présente un groupe de deux guerriers sur des nuages, qui tiennent un rouleau, sur lequel on lit en caractères d'or : VIVE PAVL PETROWITCH GRAND PRINCE DE RUSSIE. A l'intérieur du couvercle, guerriers debout déposant une couronne sur un autel. Monture en argent gravé.

37 — Boîte oblongue, en ancien émail de Saxe, décorée, sur chacune de ses faces, de sujets militaires en couleur et, à l'intérieur du couvercle, du portrait du grand Frédéric, vu à mi-corps. Monture en cuivre doré.

38 — Bonbonnière ronde en cuivre émaillé, du temps de Louis XV, fond lilas et médaillons réservés représentant des jeux d'enfants. A l'intérieur du couvercle, jeune femme écrivant dans un intérieur garni d'une bibliothèque. Monture en argent doré.

39 — Boîte oblongue en ancien émail de Saxe, décorée en couleurs de jeux d'amours au pourtour, d'un paysage avec moutons au fond et, sur le dessus, d'une scène de bacchanale signée : *D. Chodowiecki*. L'intérieur du couvercle représente une jeune bergère jouant de la flûte, assise sous un arbre. Deux moutons sont couchés à ses pieds. Monture moderne à charnière en or gravé.

40 — Boîte oblongue en ancien émail de Saxe attribuée à *Chodowiechi*. Elle est décorée sur toutes

2

ses faces de scènes galantes dans le goût de Watteau et de jeux d'enfants dans des parcs. Monture à charnière en argent ciselé et doré.

41 — Boîte oblongue, du temps de Louis XV, en vernis de Martin à fond rouge et encadrements dorés. Elle est décorée sur le dessus d'un groupe de quatre personnages dans un parc dans le goût de Boucher ; au fond, d'un chien et d'un chat et, au pourtour, de trophées d'instruments de musique et de fleurs.

42 — Bonbonnière, du temps de la Régence, modèle ballon, en écaille piquée et posée d'or, à rinceaux, quadrillages et rosaces.

43 — Drageoir, du temps de la Régence, en argent, de forme contournée. Le dessus présente un bas-relief composé de rinceaux élégants, de deux figurines de danseurs, d'oiseaux, de singes et de corbeilles de fleurs exécutés en or et en argent ciselé et découpé à jour et appliqué sur une plaque d'ivoire teinté jaunâtre. A l'intérieur du couvercle est une miniature sur vélin qui représente un jeune homme qui offre un nid d'oiseaux à une jeune fille.

44 — Boîte oblongue à angles coupés, du temps de
Louis XVI, en or guilloché à mille raies et à
pois, avec cordons et pilastres ciselés. Le dessus et le fond sont ornés de plaques d'écaille
noire posée d'or et d'argent qui représentent
des sujets de chasse.

45 — Boîte oblongue à angles arrondis en écaille
noire, montée à cage à pilastres et à moulures
unies en or.
Le dessus est orné d'une mosaïque de Rome
de très belle qualité qui représente un paysage
accidenté d'Italie.

46 — Petite boîte en forme de cœur, du temps de
Louis XV, en or, décorée au pourtour de fleurs
et de rocailles ciselées. Le dessus et le fond
sont occupés par des motifs ajourés exécutés
en filigrane d'or, avec rosace émaillée vert et
blanc au centre.

47 — Boîte oblongue et à contours en or guilloché
et émaillé gros bleu avec ornements gravés et
réservés. Travail moderne.
Le dessus est formé d'une plaque d'émail, du
temps de Louis XV, qui représente, en couleurs

sur fond bleu foncé avec rehauts de dorure, quatre acteurs de la Comédie italienne dans un parc.

BOITES ORNÉES DE MINIATURES

48 — Boîte oblongue en écaille noire doublée et montée à cage, en or uni. Le dessus est orné d'un portrait du roi Louis XIV peint sur émail par Petitot, encadré d'ornements gravés sur or en relief. On lit sur le bord de l'encadrement : *Louis XIV*th *by Petitot from the Collection of George 4*th *1831.*

49 — Belle miniature ovale sur ivoire par *Hall.* Portrait de Rochefort, acteur, dans le rôle de Colin du devin de village. Il est vêtu d'une veste rosée, d'un habit violacé, d'une chemisette blanche et coiffé d'un chapeau noir à ruban violet. La miniature est signée à gauche, elle est montée sur une boîte ronde en écaille noire et encadrée d'un cercle d'or gravé.

(Collection Allègre.)

50 — Boîte oblongue à angles arrondis en écaille
noire doublée en or. Sur la gorge : *Vachette,
bijoutier à Paris.* Sur le dessus, miniature rectangulaire sur vélin représentant une entrée de
ville et un port de mer animés par quantité de
personnages. On lit au-dessus de la porte :
Van Blarenberghe Inv. Cette miniature est montée dans un cadre d'or à filet d'émail bleu.

51 — Boîte oblongue montée à cage et doublée en
or. Elle offre sur toutes ses faces des fixés
peints par Swébach qui représentent des sujets
de chasse et de courses de chevaux. La monture a été exécutée en Angleterre.

52 — Petite miniature ovale. Portrait d'officier de la
garde royale. Elle est montée sur une boîte
ronde en écaille galonnée d'or.

MINIATURES & ÉMAUX

BLARENBERGHE (Van)

53 — Deux petites miniatures carrées sur vélin représentant deux scènes champêtres composées

de nombreux personnages ; l'une offre le sujet de la visite à la ferme, l'autre, le jeu du volant. Dans des cadres à réverbère en or.

BOZE

54 — Miniature ovale sur ivoire. Portrait de la reine Marie-Antoinette de trois quarts à droite, vêtue d'un corsage de dentelle, les oreilles et le cou garnis de diamants. Dans un cadre à réverbère en or de couleur ciselé à ornements. Signée à droite : *Boze*.

DUMONT

55 — Belle miniature ovale sur ivoire. Portrait de femme, les cheveux retenus par un ruban violet et vêtue d'un corsage violacé et d'une écharpe noire garnie de dentelle.

Elle est signée à gauche : *Dumont f. à Rome.* Cadre à moulure en or uni surmonté d'un ruban gravé et découpé.

FRAGONARD

56 — Miniature rectangulaire en hauteur et sur ivoire. Portrait de jeune fille blonde de face, les

cheveux garnis d'une branche de roses. Elle est vêtue d'un corsage bleuâtre décolleté, bordé ainsi que la collerette de mousseline blanche. On lit sur le papier rouge garnissant le revers du cadre en cuivre doré : *Fragonard, acheté en 1852 de M. Baxeia. Vente Carrier, 9 mars 1846, nº 161.*

HALL

57 — Miniature ronde sur ivoire. Portrait de femme de trois quarts à droite, coiffée d'un bonnet garni de rubans blancs et d'une écharpe blanche transparente. Près d'elle est un chat couché. Fond d'arbustes et de fleurs.

Cadre en bois noir à moulure guillochée.

HALL

58 — Miniature ronde sur ivoire. Jeune femme assise sur un banc dans un parc, ayant un enfant auprès d'elle. Elle est coiffée de blanc et son costume rose est couvert en partie par un fichu blanc. L'enfant qui tient une corbeille est vêtu d'une robe blanche avec ceinture bleue.

Cadre à réverbère en or ciselé.

INCONNU

59 — Miniature anglaise sur ivoire : Portrait d'homme en costume militaire rouge à parements noirs ; revers présentant un monogramme peint sur ivoire. Commencement du XIXᵉ siècle.

SICARDI

60 — Miniature ronde sur ivoire. Portrait de jeune femme presque de face, les cheveux poudrés, et vêtue d'un corsage violet couvert en partie par une écharpe blanche. Signée : *Sicardi, 1783*. Cadre carré en bois noir.

SPAENDONCK (Corneille Van)

61 — Miniature ronde sur ivoire. Vase de fleurs posé sur une table de marbre. Signée en bas : *C. Van Spaendonck*. Elle est encadrée d'un cercle d'or et montée sur une boîte ronde en écaille blonde.

THOURON

62 — Peinture sur émail de forme circulaire par *Thouron*, signée : portrait présumé du duc de

Choiseuil; de face, les cheveux poudrés, il est
représenté en buste, les vêtements bordés de
fourrure. XVIIIe siècle. Cadre en or à reverbère.

CHATELAINES ET MONTRES

63 — Magnifique châtelaine, du temps de Louis XV,
accompagnée d'un grand étui-nécessaire et de
deux cassolettes, le tout en or repoussé, gravé
et émaillé en plein et enrichie de cariatides et
d'ornements rocaille repoussés et de parties en
relief exécutées en émaux en relief et en couleurs,
telles que : oiseaux, fleurs, draperies, etc. Les
compartiments réservés sont décorés de ruines,
de fleurs et d'animaux en émaux de couleurs et
translucides. Les poussoirs du nécessaire et des
cassolettes sont formés chacun d'un petit brillant. L'armature et le crochet de la châtelaine
sont en cuivre doré. L'étui nécessaire n'a con-
servé comme ustensile qu'un petit couteau
pliant dont le manche est en or gravé et émaillé
à fleurs de couleurs.

64 — Belle châtelaine avec montre à répétition, du
temps de Louis XV, en or émaillé en plein à

médaillons d. corbeilles et de bouquets de
fleurs polychromes, encadrés d'ornements rocaille ciselés et gravés. La montre, dont le boîtier intérieur est en or gravé et repercé à jour,
porte le nom de *Willm Allam London*. Le boîtier extérieur en or émaillé en plein présente
un décor analogue à celui de la châtelaine et
son pourtour est repoussé à fleurs et repercé à
jour. La châtelaine est garnie d'une clef à ma-
nivelle et de trois breloques dont l'une en
forme de corbeille de fleurs est en or émaillé.
L'armature et le crochet de la châtelaine sont
en cuivre doré.

65 — Belle châtelaine avec montre, du temps de
Louis XV, en or gravé et émaillé en plein, à
bouquets de fleurs de couleur. La montre à répétition à double boîtier porte le nom de
Josh Emery London. Le boîtier intérieur est en
or ciselé et gravé à fleurs, coquilles et ornements, et son pourtour est repercé à jour. Le
boîtier extérieur en or présente un bouquet de
fleurs retenues par un ruban bleu émaillé en
plein sur le fond gravé à rayons, et il offre au
pourtour des ornements rocaille ciselés sur fond
découpé à jour. L'armature et le crochet de la

châtelaine sont en cuivre doré. A un des chaînons de cette dernière est suspendue une cassolette en forme d'œuf en jaspe vert garnie
d'ornements en or repoussé et qui porte au
pourtour la devise suivante réservée sur fond
d'émail blanc : *Gage de mon amitié.*

66 — Belle châtelaine avec montre à répétition, du
temps de Louis XV, en or gravé et émaillé bleu,
enrichie de bouquets de fleurs rapportés exécutés en brillants et roses. La montre, de
Romilly à Paris, est décorée de même et le
pourtour du cadran est formé d'un rang de
roses. La châtelaine, dont l'armature et le crochet sont en cuivre doré, est garnie d'une clef
de même travail que la pièce elle-même et d'un
cachet formé d'un buste de négrillon en onyx et
or émaillé, et dont le plat est garni d'une intaille sur cornaline qui représente une tête
d'homme de profil.

67 — Châtelaine avec montre à répétition, du temps
de Louis XV, entièrement en acier ciselé à
oiseaux dans des paysages et ornements rocaille
en relief sur fond damasquiné d'or. La montre
de *John Crawford London* a un double boîtier.

Le boîtier intérieur est en or gravé à fleurs et ornements; il est en partie repercé à jour. Le boîtier extérieur de même travail que la châtelaine est monté en or.

68 — Châtelaine, du temps de Louis XV, à compartiments, d'ancienne porcelaine de Saxe, décorés de fleurs polychromes et encadrés d'ornements rocaille et de pampres en or repoussé et ciselé. La montre, de *Baillion à Paris*, est en ancienne porcelaine de Saxe, décorée de fleurs et est montée en or. L'armature et le crochet de la châtelaine sont en cuivre doré. A cette dernière sont appendus deux cachets en ancienne porcelaine de Chelsea. L'un d'eux formé d'un groupe de deux colombes porte la devise : *Imitons-les*, l'autre représente un petit amour debout coiffé d'un chapeau de chasseur et botté; on lit à ses pieds : *Prêt à monter.*

69 — Châtelaine porte-nécessaire, du temps de Louis XV, formée de deux plaques d'agate orientale sardoinisée et de forme contournée, encadrées de pilastres et d'ornements rocaille en or repoussé. Le nécessaire est formé de plaques d'agate orientale montées en or à pilas-

tres surmontés de chapiteaux ciselés. Il renferme divers ustensiles garnis en or. A la châtelaine sont appendus : 1° un cachet formé d'une intaille armoriée sur cornaline ; 2° un petit médaillon ovale en or contenant un chiffre et deux anges en or et une petite tête de mort émaillée. Le crochet ou spatule et l'armature de la châtelaine sont en cuivre doré.

70 — Châtelaine avec montre, du temps de Louis XV, en or repoussé, à ornements rocaille et fleurs, enrichie de plaques d'émail rapportées représentant des scènes champêtres avec personnages. La montre à cuvette d'or ciselé et émaillé en plein est signée : *Gudin à Paris*, et présente un sujet à deux personnages : Berger et bergère musiciens. L'armature et le crochet de la châtelaine sont en cuivre doré.

71 — Châtelaine avec montre à répétition, en or ciselé, à attributs champêtres et fleurs et émaillé en plein, à sujets mythologiques et autres. La montre, de *Gaillon à Paris*, est en or ciselé avec sujet dans le goût de Watteau à quatre personnages, émaillé en plein.

72 — Châtelaine, du temps de Louis XV, accompa-

gnée d'un étui-nécessaire et de deux cassolettes dont l'une en forme d'œuf. Le tout est exécuté en or repoussé, à ornements rocaille et est enrichi de compartiments d'agate arborisée. Le nécessaire qui renferme nombre d'ustensiles, dont un couteau pliant à manche en or repoussé, a son poussoir formé d'un brillant. L'armature et le crochet de la châtelaine sont en cuivre doré.

73 — Crochet de châtelaine, du temps de Louis XV, en or ciselé, à figure de Minerve et ornements auxquels sont appendus deux étuis et deux cassolettes de même époque en or repoussé, à bustes, fleurs et ornements.

74 — Châtelaine, du temps de Louis XVI, composée de trois médaillons reliés par des chaînons, en or guilloché, émaillé gris perle, avec rosace au centre ciselée en relief et émaillée en couleurs. Cette châtelaine est accompagnée d'une montre, du temps de Louis XV, en or émaillé, à festons de fleurs et à médaillon représentant l'entrée d'un port de mer dans le goût de Joseph Vernet. Mouvement de *Julien Le Roy à Paris*.

Le crochet et l'armature de la châtelaine sont en cuivre doré.

75 — Châtelaine, du temps de Louis XVI, en or ciselé, à ornements, tore de laurier et rocailles, enrichie de médaillons d'or gravé à fleurs émaillées bleu, avec encadrements à fond d'émail blanc. Elle est accompagnée d'une montre signée : *Elicott London*, dont le boîtier extérieur est en or gravé et enrichi de fleurs et de rubans émaillés bleu translucide.

Quatre breloques garnissent la châtelaine dont l'armature et le crochet sont en cuivre doré. La première de ces breloques est formée d'un cachet en ancienne porcelaine de Chelsea, qui représente un amour soufflant le feu ; le cachet gravé sur cornaline porte la devise : *J'allume le feu.* Le deuxième est un cachet formé d'un pierrot, aussi en porcelaine de Chelsea, qui porte la devise : *Je pense à vous.* La troisième est une cassolette formée d'un groupe de trois colombes en émail de Battersea, et la dernière une clef de montre en or émaillé.

76 — Montre en forme de croix en cristal de roche ; la monture et le mouvement, signé : *Jacob de la Croix*, sont en cuivre doré, le cadran en argent ; décor de feuillages gravés avec

nom sur le cadran. Travail français de la fin du XVIᵉ siècle.

77 — Montre à double boîtier : le boîtier intérieur est en or émaillé bleu et le mouvement, signé : *Debaufre à Paris :* le boîtier extérieur en filigrane d'or est décoré de rinceaux. Elle est renfermée dans un troisième boîtier en chagrin. XVIIᵉ siècle.

78 — Montre en or émaillé en plein : la cuvette présente extérieurement le sujet de Mars et Vénus et intérieurement un paysage ; sur le cadran, Vénus et des amours ; le mouvement, dont le coq offre une figurine de Mars, est signé : *Jan Ber Vrythoff, Hagæ ;* et le boîtier : *J. L. Durant pinx. à Gen (ève).* Fin du XVIIᵉ siècle.

79 — Montre en or émaillé en plein : sur la cuvette, le sujet de la Charité romaine ; au revers, un paysage ; le pourtour porte le nom : *Huaud le puisné fecit.* Fin du XVIIᵉ siècle.

80 — Montre en cuivre émaillé, présentant sur la cuvette une Sainte Famille avec la signature : *les frères Huaut* au pourtour.

81 — Montre, du temps de Louis XV, à cuvette en
or émaillé en plein, à sujet champêtre dans le
goût de Boucher, entouré d'ornements gravés.
Le mouvement porte le nom de : *Le Roy, à
Paris.*

82 — Montre, du temps de Louis XV, à double boîtier. Le boîtier extérieur, émaillé sur cuivre, représente une scène d'intérieur dans le goût de
Teniers, composé de cinq personnages et est
monté en or. Le boîtier intérieur est en or uni.
Le mouvement est signé : *Dan. De S$_t$-Leu
Servt to Her Majesty.*

83 — Montre, du temps de Louis XV, à cuvette en
agate orientale, montée en or et avec entourage
du cadran incrusté de petites plaques d'agate et
de diamants-tables. Le poussoir est aussi formé
d'un diamant. Le mouvement porte le nom de :
Chas Gillespy Dublin.

84 — Montre à répétition, du temps de Louis XV, et
à double boîtier. Le boîtier extérieur est en or
gravé et émaillé en plein, à fleurs et feuillages
en couleurs et en partie translucides sur fond

quadrillé. Le boîtier extérieur est en or gravé et repercé à jour. Le mouvement porte le nom de : *Jam Tregent London.*

85 — Montre, du temps de Louis XV, à cuvette en or émaillé en plein, à sujet dans le goût de Teniers, représentant une scène d'intérieur, entourée de fleurs et d'ornements gravés. Mouvement de *Beeckueret à Paris.*

86 — Montre à répétition à double boîtier, du temps de Louis XVI. Le boîtier extérieur émaillé en plein représente une ronde de nymphes exécutée en grisaille sur fond brun, encadrée d'ornements gravés sur fond d'émail bleu. Le boîtier intérieur est en or gravé et repercé à jour. Mouvement de *Ellicot London.*

87 — Montre, du temps de Louis XVI, à double boîtier en or. L'extérieur, gravé à rosaces et ornements, est rehaussé d'émaux rouge orangé, blanc et bleu. Le boîtier intérieur est en or. Le mouvement porte le nom de : *Jessop Southampton street London.*

88 — Montre à répétition, du temps de Louis XVI,

à double boîtier en or. Le boîtier extérieur émaillé en plein présente à son centre, dans un médaillon ovale, une nymphe debout entourant une urne de festons de fleurs, en grisaille sur fond brun. Au pourtour, ornements gravés réservés sur un fond d'émail bleu et blanc. Le boîtier intérieur est en or gravé et repercé à jour. Mouvement de : *Joh Marteneau London.*

89 — Montre, du temps de Louis XVI, à répétition avec double boîtier. L'un en or émaillé en plein à fond rouge sur fond guilloché, avec, au centre, un médaillon ovale qui représente le repos de Diane. Le boîtier intérieur est en or gravé et repercé à jour et le mouvement porte le nom de *J. Champion London.*

90 — Montre à double boîtier, du temps de Louis XVI, en or. Le boîtier extérieur est en or guilloché et émaillé gros bleu avec, au centre, un médaillon ovale émaillé en couleurs, qui représente une bergère et ses moutons et au pourtour des petites rosaces réservées en or sur émail violet et fond général blanc. Le boîtier intérieur est en or uni. Le mouvement est signé : *Windmills London.*

91 — Grande montre, de la fin du règne de
Louis XVI, en or guilloché et émaillé, décorée
d'une jeune femme vue à mi-corps et tenant un
livre, exécutée en émaux peints sur fond d'émail
gros bleu. Ce sujet et la lunette sont encadrés d'un rang de demi-perles.

OBJETS DE VITRINE, BIJOUX

92 — Cuiller en bois sculpté couverte, ainsi que son
manche de sujets religieux finement exécutés
soit en bas-relief, soit en ronde bosse. Le
manche et le cuilleron sont reliés par une figure
du Christ en croix. Cette pièce porte diverses
inscriptions en vieil allemand. Allemagne,
XVIe siècle.

93 — Croix de suspension en or ajouré et pavé
d'émeraudes ; le revers, champlevé et émaillé
noir, est décoré de rinceaux. Travail espagnol
du XVIIe siècle.

94 — Croix de suspension en or ajouré et pavé
d'améthystes ; le revers gravé est orné de feuillages. Travail espagnol du XVIIe siècle.

95 — Trois pièces : deux pendants d'oreilles et
parure de corsage en or enrichi de roses et de
diamants-tables. XVIIe siècle.

96 — Croix de suspension en or enrichie de diamants-tables. XVIIe siècle.

97 — Deux pièces : cadre octogone en or émaillé et
médaillon ovale en or ajouré, découpé et émaillé,
offrant au centre le sujet de la Résurrection.
Espagne. XVIIe siècle.

98 — Médaillon ovale en émail peint sur or : l'As-
somption ; au revers, saint Jean-Baptiste.
XVIIe siècle.

99 — Fourchette et couteau à manches cylindro-
coniques en filigrane d'or. Dans un étui en peau
de chagrin, orné à sa partie supérieure de trois
appliques d'ornements et chiffre couronné en
filigrane d'or. Époque Louis XIII.

100 — Médaillon de forme contournée monté et
surmonté d'un ruban en or. Il représente, sur

ses deux faces et peints en couleurs sur émail, les sujets de la Crêche et de l'Adoration des Rois Mages. XVIIe siècle.

101 — Bijou provenant d'un ostensoir en forme de croissant en or, repercé à jour et à feuillages ciselés, incrusté sur une de ses faces d'émeraudes cabochons et taillées, et sur l'autre de roses.

Le bord extérieur de la pièce porte la devise suivante émaillée en noir : *Parce Doné (Domine) Fri-Ipho Caviedes, a 1745.*

A la partie inférieure est une petite tête d'homme barbu.

102 — Coffret oblong en cuivre gravé et doré, du temps de Louis XV, enrichi sur ses six faces de peintures sur émail à fond blanc qui représentent, dans des médaillons ovales, des scènes d'intérieur dans le goût de Teniers, peintes en couleurs, et aux angles des bouquets de fleurs. Les médaillons sont encadrés d'ornements d'émail blanc en relief rehaussés de petits grenats incrustés. Il est accompagné d'un plateau qui forme double fond.

103 — Cassolette forme œuf, du temps de Louis XV,
en agate grisâtre montée en or repoussé, à ornements rocaille découpés à jour et portant la
devise : *L'amour nous unis (sic)* réservée en or
sur fond d'émail blanc.

104 — Étui porte-tablettes de forme rectangulaire
aplatie et en hauteur, en mosaïque de Neubert
de Dresde, exécutée en jaspe, agate, lapis et or ;
sur chacune de ses deux faces principales, bouquets de fleurs se détachant sur un fond d'or
uni, encadrés d'un rang de demi-perles imitées
et de rayons d'agate rubannée. Aux bords et au
pourtour, fleurettes bleu turquoise reliées par
des feuillages exécutés en jaspe vert et rubans
incrustés de cornaline. Il porte l'inscription :
Souvenir d'amitié.

105 — Béquille de canne indienne en jade gris
verdâtre, gravé à rosaces et feuillages. Elle a
reçu sous Louis XV une monture d'or repoussé
qui se compose d'une douille à feuille et d'un
tore à coquilles, puis de deux bouts repoussés
à feuilles et rosaces et enfin de quatre figurines
d'amours en or rapportées sur le corps de la
pièce.

106 — Petit étui ovale, du temps de Louis XV, en or gravé, enrichi de sept compartiments émaillés en plein, qui représentent des jeux d'amours en couleurs sur fond bleu. Il est enrichi de deux bagues garnies de petits brillants.

107 — Étui de forme contournée, du temps de Louis XV, en agate grise veinée, garni d'ornements rocaille en or repoussé et avec poussoir orné d'une rose.

108 — Étui-nécessaire, du temps de Louis XV, de forme aplatie, en agate orientale, gravée en guise de camée, et décoré d'ornements rocaille, de fleurs et de deux figurines d'amours dont l'un tient une urne d'où s'échappe du liquide. Monture à charnière en or et bec orné de diamants. Il contient divers ustensiles en or dont un couteau pliant garni de plaques d'agate gravée à ornements en relief.

109 — Étui cylindrique, du temps de Louis XV, en vernis de Martin, décoré de sujets champêtres en grisaille sur fond rouge relevé de quadrillages dorés. Il est garni de galons d'or.

110 — Étui-nécessaire, du temps de Louis XV, en
or repoussé, à personnages, ornements rocaille,
coquilles et groupes de fruits. Les ustensiles
qu'il contient sont garnis en or.

111 — Étui porte-flacon de forme contournée en or
repoussé, à ornements rocaille et figures allégoriques. Époque Louis XV.

112 — Pomme de canne, du temps de Louis XV, en
or repoussé à ornements rocaille, oiseau, dau-
phins, dragon et figures d'Apollon et d'Amphitrite. Sur le dessus, armoiries gravées surmontées d'une couronne comtale.

113 — Pomme de canne, de même style, en or repoussé, à ornements rocaille et figurines en
relief en costumes Louis XV.

114 — Cachet à poignée composée d'un buste de
nègre, exécuté en agate, rubis et diamants
montés en or gravé et émaillé. Le cachet est
formé d'une intaille en agate à deux couches et
offrant une tête de Minerve. Époque Louis XV.

115 — Cachet à poignée composée d'un buste de personnage oriental en or émaillé, rubis et diamants ; le cachet est formé d'une intaille sur jaspe : oiseau sur un arbre avec devise. Époque Louis XV.

116 — Carnet, du temps de Louis XV, composé de deux plaques d'écaille posées d'or à fleurs, attributs et ornements, et montées en or ciselé.

117 — Bague en or : le chaton encadré de demi-perles offre un sujet à deux personnages, pouvant se mouvoir automatiquement au moyen d'un ressort. XVIIIe siècle.

118 — Intaille sur sardonyx orientale de forme ovale finement gravée et représentant Apollon sur son char traîné par quatre chevaux, précédé par l'amour et contournant la sphère terrestre entourée des signes du Zodiaque. Italie. Dernières années du XVIIIe siècle.

119 — Bijou-pendentif en or émaillé formé d'une

nef à trois mâts montée de plusieurs personnages et décorée sur la carène de Tritons et de
Néréïdes.

120 — Six zarfs ou porte-tasses en or émaillé, à
bustes, fleurs et ornements. Travail persan.

121 — Cadre ovale, du temps de Louis XVI, entouré
d'une couronne de feuillages exécutée en roses
serties en argent.

122 — Cachet à poignée simulant un trophée d'armes exécuté au moyen de deux perles baroques
montées en or émaillé et enrichi de roses, de
rubis et d'émeraudes ; le cachet est formé d'un
grenat.

123 — Reliquaire forme cœur et à double face en or
gravé, à rayons, et émaillé rouge translucide
avec, au pourtour, une moulure saillante décorée d'émaux verts sur fond blanc. Il est enrichi de diamants-tables et de rubis, et est terminé à sa partie inférieure par une cariatide de
femme en argent ciselé et doré.
Travail espagnol de la fin du XVIᵉ siècle.

Haut., 18 cent.; larg., 14 cent.

ORFÈVRERIE

124 — Coquille nautile avec parties découpées à
jour, simulant un casque surmonté d'une fleur
de lys et des initiales R. P.

Elle est garnie d'une monture en argent doré
en partie, composée d'une statuette de femme
debout qui supporte la coupe de ses deux bras
surélevés et qui repose sur un socle ovale à gorge
décoré de groupes de fruits et de têtes de génies
ailés en relief. La partie supérieure de la coquille est surmontée d'une figurine d'Amphitrite debout, en argent, tenant une voile. Allemagne. xvie siècle.

Haut., 37 cent.

125 — Coquille nautile semblable à celle qui précède
et pouvant lui servir de pendant

Haut., 37 cent.

126 — Vidrecome en argent repoussé et doré à médaillons d'animaux reliés par des rinceaux et
des groupes de fruits ; anse à perles surmontée
d'une sirène ; le couvercle, décoré de fruits et
d'ornements, a un guerrier debout pour bouton.
Allemagne. xvie siècle.

Haut., 19 cent.

127 — Vase formé d'une noix de coco garnie d'une monture en argent gravé, ciselé et doré, composée d'un pied à nœud en forme de vase et à consoles et de trois montants reliant le pied à la gorge. Allemagne. xvie siècle.

Haut., 25 cent.

128 — Pot en ancienne faïence de Perse, à bandes et filets verts en spirale. Il est garni d'une monture en argent gravé de travail anglais (vers 1586), composée d'une base, d'une gorge à couvercle et d'une anse surmontée d'une cariatide ailée.

Haut., 25 cent.

129 — Plat rond en argent repoussé, à ornements feuillagés et motifs rayonnant et triangulaires alternant. Espagne. xviie siècle.

Diam., 43 cent.

130 — Gobelet couvert en argent repoussé et gravé, décoré de coquilles, godrons, rubans et corbeilles de fleurs ; le bouton du couvercle et les pieds sont formés de boules unies. Allemagne. xviie siècle.

Haut., 20 cent.

131 — Bénitier en argent partiellement doré. Il est orné de deux figurines d'anges en ronde bosse et est surmonté de deux têtes de chérubins et d'un Saint-Esprit ; il contient une croix en bois avec Christ en argent. xviiᵉ siècle.

Haut., 44 cent.; larg., 32 cent.

132 — Bas-relief en argent du xviiᵉ siècle : le Christ mis en croix; composition de nombreuses figures. Encadré.

Hauteur du bas-relief, 22 cent.; larg., 26 cent.

133 — Petit bas-relief en argent repoussé : la crèche ; composition de onze figures. xviiᵉ siècle. Encadré.

Hauteur du bas-relief : 12 cent.; larg., 21 cent.

134 — Deux girandoles à trois lumières en argent ciselé, du temps de Louis XV : la tige balustre est ornée de motifs rocaille, et la base, de rinceaux rocaille, de cartouches, de feuillages et d'oves et entrelacs sur la bordure, avec écusson armorié et timbré d'une couronne de marqu's ; une gerbe de flammes naît entre les branches porte-lumières qui sont décorées de feuilles.

Poinçons de Robin, sous-fermier des droits
de marque : Année 1743-44.

Haut., 32 cent.

*(Collection du Prince Paul Demidoff
de San Donato.)*

135 — Légumier oblong à deux anses, et sur quatre pieds, avec couvercle et plateau en argent,
du temps de Louis XV : il est orné de guirlandes de laurier et présente sur chaque face un
écusson armorié timbré d'une couronne de comte ;
le couvercle est surmonté d'un chien tenant entre ses pattes du gibier et ayant auprès de lui
une trompe de chasse.

Le plateau est décoré à chaque extrémité de
feuilles ; un faisceau de baguettes enrubannées
sert de bordure à chacune de ces pièces.

Le légumier est accompagné d'un bouton de
rechange formé d'une grenade avec feuillages et
d'un double-fond en argent aux mêmes armoiries.

Poinçons de Jean-Jacques Prévost, adjudi-
cataire général des droits de marque : Années
1762-63 pour le légumier et le plateau, 1768
pour le double-fond.

Haut., 27 cent., longueur du plateau, 48 cent.

*(Collection du Prince Paul Demidoff
de San Donato.)*

136 — Légumier ovale avec son couvercle et son plateau en argent, du temps de Louis XVI : il présente en relief deux écussons armoriés timbrés d'une couronne ducale, qui se détachent sur la croix de Saint-Louis ; les anses en forme de branchages sont, ainsi que les quatre pieds, reliés au corps du légumier par des feuilles ; un tore de laurier court le long de la gorge ; le bouton du couvercle se compose d'un artichaut et sur le plateau est répété le même écusson que sur le légumier.

Poinçons de Henri Clavel, régisseur général des droits de marque : Année 1784. Jean-Baptiste Chéret, orfèvre.

Haut., 29 cent.; longueur du plateau, 46 cent.

(Collection Eudel.)

137 — Pot à eau avec cuvette en argent repoussé et ciselé, du temps de Louis XV. Les deux pièces sont décorées de médaillons renfermant des cygnes nageant au milieu de roseaux exécutés au repoussé, de cannelures simulées, de festons de laurier, de coquilles et d'ornements variés. L'anse du pot est composée de rocailles et de roseaux ; son couvercle, ainsi que la

cuvette oblongue et à contours, sont bordés d'o-
ves. Sur chaque pièce sont gravées des armoiries timbrées d'une couronne de comte.

138 — Sucrier oblong à quatre pieds en vermeil et
à deux anses mufles de lions garnis d'anneaux ;
la panse présente des guirlandes de fleurs de
laurier en relief et le couvercle est surmonté
d'un fruit et de feuillages. Ce sucrier est accompagné d'un plateau oblong à contours, décoré de
guirlandes de fleurs et d'un tore de laurier, ainsi
que d'une cuiller, à cuilleron, repercé à jour.
Les trois pièces portent des armoiries gravées.
Allemagne, XVIIIe siècle.

Hauteur du sucrier, 12 cent.; larg., 16 cent.
Longueur du plateau, 25 cent.

139 — Belle et grande fontaine en forme de vase
sur piédouche et avec couvercle en argent battu :
elle est munie de deux anses composées de lions
et de volutes et est surmontée d'un aigle tenant
un cartouche timbré d'un bonnet d'Electeur
d'Empire.
Elle est accompagnée d'un bassin circulaire

4

en argent battu, à quatre pieds griffes et à deux anses. Travail allemand du XVIIe siècle.

Hauteur de la fontaine, 93 cent.
Diam. du bassin, 49 cent.

140 — Buire en argent, du temps de la Régence, en forme de vase dont la panse présente des feuilles et des ornements en relief sur fond amati ; le col offre des ornements gravés et le goulot est formé d'un masque de femme ; l'anse composée d'une cariatide de femme est rattachée à la panse à l'aide d'un masque faunesque ; le couvercle a une graine pour bouton.

Haut., 25 cent.

141 — Buire analogue à celle qui précède.

Haut., 27 cent.

142 — Aiguière et bassin oblong en argent, du commencement du règne de Louis XV ; l'aiguière porte sur la panse un double écusson d'armoiries timbré d'une couronne de marquis, qui est surmontée d'une palmette placée sous le déversoir ; des feuilles sur fond amati décorent le culot de la pièce et sont séparées de la panse par

un faisceau de baguettes enguirlandées et une grecque ; une graine forme le bouton du couvercle et un faisceau de baguettes, l'anse.

Poinçons de Jacques Cottin, sous-fermier des droits de marque : Années 1728-29 pour l'aiguière, 1727-28 pour le bassin.

Hauteur de l'aiguière, 21 cent.
Longueur du bassin, 37 cent.

143 — Aiguière en argent gravé, du temps de Louis XV : l'anse est surmontée d'une tête de femme ; le couvercle et la panse sont ornés de draperies, de vases de fleurs, de couronnes, de pendentifs, de guirlandes et, sous le déversoir, d'un écusson d'armoiries timbré d'une couronne de marquis ; base godronnée.

Elle est accompagnée d'un bassin oblong des mêmes époque et matière, à bords contournés, orné intérieurement de rinceaux, de quadrillés et de palmettes avec double écusson d'alliance, timbré d'une couronne de marquis et ayant pour supports un homme sauvage et un lion.

Poinçons de Jacques Cottin, sous-fermier des droits de marque : Années 1727-28 pour l'aiguière et 1729-30 pour le bassin.

Le bassin présente au centre un écusson armo-

rié différent de celui de l'aiguière et sur la chute
quatre motifs de quadrillés, d'attributs marins,
de roseaux et de rinceaux.

Hauteur de l'aiguière, 27 cent.
Longueur du bassin, 32 cent.

144 — Quatre pièces de service, du temps de
Louis XV, en argent ciselé et doré, décorées
d'ornements rocaille en relief : cuillère, fourchette, couteau et fourchette à deux dents; cette
dernière, ainsi que le couteau à lame et dents
d'acier.

145 — Vase couvert de forme sphérique en argent
repoussé à côtes, reposant sur trois pieds à boules et griffes de lion s'échappant de trois cariatides humaines. Le couvercle bombé et ou-
vrant à charnière est surmonté d'un aigle en
ronde bosse tenant un serpent de ses serres et
de son bec. Travail des Colonies espagnoles.
XVIIIe siècle.

Haut., 37 cent.

146 — Deux flambeaux en argent en forme de colonnettes cannelées à chapiteaux corinthiens et

base carrée, ornée de feuilles. Travail irlandais
du xviiie siècle.

Haut., 33 cent.

147 — Miroir, dans un cadre en argent à décor de draperies, faisceaux de baguettes enguirlandées, mascaron, cartouche et dais. xviiie siècle.

Haut., 66 cent., larg., 50 cent.

148 — Bénitier en argent repoussé, à décor de motifs rocaille, xviiie siècle ; il contient une peinture sur cuivre offrant un buste de la Vierge en prières.

Haut., 29 cent., long., 15 cent.

149 — Brûle-parfums à deux anses surélevées, à trois pieds et avec couvercle, en argent, à décor d'insectes et de fleurs ; le couvercle est surmonté d'un kilin assis. Chine.

Haut., 34 cent.

ÉMAUX DE LIMOGES

150 — Assiette décorée en émaux de couleurs et à paillons, avec rehauts de dorure, par Jean

Courtois : au fond, sujet tiré de la genèse (XLI);
au marli, mascarons et rinceaux. Le revers présente au fond un cartouche d'enroulements et
quatre mascarons en grisaille et chairs teintées ;
le pourtour et le marli offrent une couronne de
feuillages et des ornements en dorure XVIe siècle.

Diam., 20 cent.

151 — Assiette, peinture en grisaille, chairs teintées et rehauts de dorure, par Jean Courtois·
Intérieur : au fond, sujet guerrier tiré de l'histoire romaine ; au marli, mascarons, cariatides
grotesques et vases. Le monogramme I. C. de
l'artiste se lit à la base d'une tente. Extérieur :
au fond et au marli, entrelacs, cariatides, cou-
pes enflammées, rinceaux et mascarons XVIe siècle.

Diam., 20 cent.

152 — Assiette, par le même artiste : peinture en
grisaille, chairs teintées et rehauts de dorure.
Intérieur : au fond, la marche de Silène ; au marli,
mascarons, animaux grotesques et vases. Le
monogramme I. C. se lit dans la terrasse. Extérieur : entrelacs, cariatides, rinceaux et mascarons XVIe siècle.

Diam., 20 cent.

153 — Assiette : peinture en grisaille, chairs légèrement teintées avec rehauts de dorure, par Jean
Courtois.

Intérieur : au fond, sujet biblique ; au marli,
cariatides de génies se terminant en rinceaux,
mascarons et vases.

Au revers, rosace composée d'entrelacs, cariatides se terminant en gaine, rinceaux à têtes
d'animaux et mascarons.

Diam., 20 cent.

154 — Assiette : peinture en grisaille, chairs teintées avec rehauts de dorure, par Jean Courtois.

Intérieur : scène de vendange, représentant
le mois de septembre avec le signe de la balance
au-dessus du sujet. Au marli, animaux fantasti-
ques et mascarons.

Extérieur : six motifs d'entrelacs reliés par
des cariatides se terminant en gaine. Au marli,
couronne de laurier doré.

Diam., 20 cent.

Les cinq assiettes qui précèdent proviennent
de la Collection du Duc de Hamilton. (*Hamilton
Palace.*)

VITRAUX

155 à 168 — Quatorze vitraux suisses, cintrés du haut, présentant des sujets saints, des écussons armoriés et des légendes allemandes. Fin du XVIᵉ siècle et commencement du XVIIᵉ siècle.

Ils seront vendus séparément.

Haut., 65 cent.; larg., 68 cent.

169 — Vitrail en hauteur, cintré du haut : Saint Christophe portant le Christ et traversant la rivière ; cette composition est placée sous un arceau gothique. Fin du XVᵉ siècle.

Haut., 1 m. 15 ; larg., 63 cent.

170 — Vitrail en hauteur : homme d'armes portant l'armure complète et tenant un étendard chargé d'une armoirie. Milieu du XVᵉ siècle.

Haut., 1 m. 04 ; larg., 59 cent.

OBJETS VARIÉS

171 — Cheminée en marbre noir incrusté de mosaïques de Rome, qui représentent des candélabres de style antique, des brûle-parfums, des

oiseaux, des guirlandes de fleurs, ainsi que trois scènes bachiques en grisaille sur fond bleu.

La tablette de la cheminée est surmontée d'un motif architectural offrant un panneau en mosaïque de Florence et décoré de médaillons en mosaïque de Rome, reliés par des génies debout et des guirlandes en bronze doré ; cette frise est supportée par quatre figures de femmes debout, en bronze vert, soutenant chacune un chapiteau corinthien et reposant sur une base cannelée en marbre blanc entourée de guirlandes en bronze doré avec médaillon rond en mosaïque sur leur face principale. Sur le corps supérieur sont rapportés, d'une part, deux groupes d'instruments de musique avec masques scéniques en bronze doré sur socle en albâtre oriental ; d'autre part, deux petits vases en albâtre oriental avec anses formées de têtes de boucs en bronze doré.

Travail italien du temps de l'Empire.

Haut., 2 m. 11 ; larg., 1 m. 80.

172 — Deux groupes en bronze : Méléagre debout ayant un chien à ses pieds, et Vénus debout ayant près d'elle un amour. Italie. XVIᵉ siècle.

Haut., 57 cent.

173 — Horloge de table en cuivre gravé et doré, en forme de petit monument à quatre faces surmonté d'un toit ajouré ; décor d'entrelacs. xviie siècle.

174 — Vase-balustre plat en jade gris-verdâtre de la Chine, avec couvercle et à anses à têtes d'éléphants munies d'anneaux mouvants pris dans la masse ; il est décoré de rinceaux, de feuillages et de grecques sculptés en léger relief.

Haut., 30 cent.

175 — Théière à anse ajourée, déversoir et couvercle, en jade blanc-grisâtre de la Chine ; décor de feuillages, sculptés en léger relief.

Haut., 15 cent.

176 — Brûle-parfums tripode avec couvercle, en jade blanc-grisâtre de la Chine ; anses en forme de dragons ; décor de rinceaux et arêtes saillantes.

Haut., 12 cent.

177 — Deux grands brûle-parfums en ancien émail cloisonné de la Chine, à panse sphérique

et à gorge, à deux anses en S et à couvercle, décorés de paysages montagneux animés par un grand nombre d'animaux. Ils sont supportés chacun par trois cigognes debout décorées au naturel, et leurs couvercles sont surmontés d'un bouton décoré d'un dragon, réservé en cuivre ciselé et doré, sur fond d'émail bleu-turquoise.

Ils reposent sur des socles à consoles en bois noir avec têtes de chimères et appliques en cuivre ciselé qui ont été exécutés par Lièvre.

Hauteur du brûle-parfum, 1 m. 09.
Hauteur des socles, 1 m. 30.

PORCELAINES DE SÈVRES

178 — Service en ancienne porcelaine tendre de Sèvres, à décor dit *feuille de chou* avec fleurs polychromes et rehauts de dorure, il comprend :

Huit cache-pots en trois dimensions ;
Six compotiers carrés ;
Six compotiers coquilles ;
Seize compotiers ronds ;
Quatre grands saladiers ;
Deux saladiers plus petits ;

Trois seaux à rafraîchir avec couvercles et en deux décors;

Quatre plateaux à biscuits;

Une fromagère oblongue;

Trente-six pots à crème;

Vingt-deux pots à crème avec couvercle, de deux dessins;

Quatre beurriers avec plateau adhérent et couvercle;

Un beurrier avec plateau adhérent, mais sans couvercle;

Deux sucriers avec plateau et couvercle;

Deux sucriers avec plateau adhérent et couvercle;

Un confiturier à deux récipients avec couvercle;

Un pot à lait;

Deux raviers;

Un petit plateau;

Quatre plateaux ovales;

Cent soixante-deux assiettes plates

Et cinquante-neuf assiettes creuses à bords unis ou festonnés.

Ce lot pourra être divisé.

179 — Sept plateaux à biscuits en ancienne porce-

laine tendre de Sèvres, à décor de hachures bleues et de fleurs polychromes.

180 — Deux pots à lait en ancienne porcelaine tendre de Sèvres, à décor de hachures bleues et de fleurs polychromes.

181 — Pot à crème avec couvercle en ancienne porcelaine tendre de Sèvres, à décor de hachures bleues et de fleurs.

182 — Deux plateaux à biscuits, à décor de fleurs en ancienne porcelaine tendre de Sèvres.

183 — Pot à lait en ancienne porcelaine tendre de Sèvres, décor doré.

184 — Jardinière oblongue et à contours, en ancienne porcelaine tendre de Sèvres, fond gros bleu à médaillons de fleurs et de fruits encadrés de dorure ; anses à enroulements réservés en blanc et or, et socle à quatre pieds en cuivre doré.

Hauteur totale, 15 cent.; larg., 28 cent.

185 — Jardinière oblongue à deux compartiments
et à deux anses en ancienne porcelaine tendre de
Sèvres, décorée, sur la bordure, de fleurs déta-
chées et de guirlandes placées entre deux
bandes à fond bleu et rehauts d'or ; une autre
bande à fond bleu et rehauts d'or orne le bas
de la pièce. Lettres p p. Année 1791.

Décor par *Le Guay* et *Mᵐᵉ Binet*. Base en
bronze.

Haut., 12 cent.; long., 31 cent.

186 — Cache-pot à deux anses en ancienne porcelaine tendre de Sèvres, à décor de guirlandes
de fleurs et d'insectes polychromes.

Haut., 13 cent.

PORCELAINES DE SAXE

187 — Deux vases en ancienne porcelaine de Saxe
montés en aiguière en bronze ciselé et doré, du
temps de Louis XV ; les vases sont ornés chacun de deux groupes de personnages en costumes de l'époque ou en costumes de comédie,
et placés dans des paysages. Les montures se

composent chacune d'une base à motifs rocaille
et d'un col avec déversoir reliés par une anse
décorée de feuilles.

Haut., 35 cent.

188 — Garniture de toilette en ancienne porcelaine
de Saxe, à ornements gaufrés en relief rehaussés
de dorure et décorée de fleurs en camaïeu vert;
elle se compose de : un pot à eau forme casque
avec cuvette, un miroir de forme contournée,
deux boîtes ovales à contours et à couvercles surmontés de fleurs, une boîte oblongue à couvercle bombé, deux boîtes oblongues, deux pots
ronds à côtes et à couvercles surmontés de
fruits, deux flacons quadrilobés à bouchons surmontés de fleurs et deux autres flacons de forme
aplatie.

189 — Déjeuner en ancienne porcelaine de Saxe,
décoré de médaillons, ports de mer et paysages
en couleurs, encadrés d'ornements violacés rehaussés de dorure; il se compose d'une cafe-
tière, d'une théière, d'un sucrier, d'un flacon à thé
et de deux tasses avec soucoupes. Les quatre
grandes pièces sont montées en vermeil.

190 — Grande pièce de surtout en ancienne porcelaine de Saxe et bronze doré ; elle se compose
d'un portique à base de bronze doré et de quatre
colonnettes de vieux Saxe ajourées, abritant
trois figurines d'amours de même porcelaine ;
sur une tablette contournée en bronze doré
placée sur les colonnettes, repose une statuette
en vieux Saxe, de Junon accompagnée d'un
paon et de quatre figurines d'enfants de même
porcelaine.

Hauteur totale, 70 cent.; larg., 30 cent.

191 — Deux pièces de surtout se faisant pendants
et pouvant accompagner celle qui précéde, en
ancienne porcelaine de Saxe et bronze doré ;
dans celles-ci le portique qui est couronné d'un
cheval cabré retenu par un personnage vêtu à
l'orientale, le tout en vieux Saxe, abrite une
figurine d'amour debout auprès d'un vase ; les
colonnettes, de plus, ne sont pas ajourées, mais
sont enguirlandées de fleurs.

Hauteur totale, 57 cent.; larg., 23 cent.

192 — Groupe en ancienne porcelaine de Saxe : le
Char d'Amphitrite; la déesse est assise sur un

char en forme de coquille; à côté d'elle se tient
l'Amour, et à ses pieds sont posées deux colombes; deux chevaux marins traînent le char.
Base formée d'un plateau en ancien laque de
forme contournée, à monture rocaille en bronze
doré.

Hauteur totale, 20 cent.; larg., 45 cent.

193 — Groupe en ancienne porcelaine de Saxe :
le Char de Neptune, traîné par deux chevaux
marins, le dieu est accompagné d'un triton
tenant une conque. Base formée d'un plateau
en ancien laque de forme contournée, à monture
rocaille en bronze doré.

Hauteur totale, 20 cent.; larg., 50 cent.

194 — Groupe en ancienne porcelaine de Saxe : le
Char de Junon. Deux chevaux sont attelés au
char de la déesse qui est coiffée d'un diadème et
tient le sceptre, emblème de sa royauté ; elle est
vêtue d'une jupe à fleurs avec corsage vert et
manteau flottant émaillé rose. Base formée d'un
plateau en ancien laque de forme contournée à
monture rocaille en bronze doré.

Hauteur totale, 20 cent.; larg., 50 cent.

195 — Groupe en ancienne porcelaine de Saxe : le Char d'Apollon. Un fouet à la main, il excite ses chevaux ; du char s'échappent les rayons de l'astre qu'il personnifie. Il est représenté nu, une draperie sur l'épaule, le carquois au dos. Base formée d'un plateau en ancien laque de forme contournée à monture rocaille en bronze doré.

Hauteur totale, 20 cent.; larg., 45 cent.

196 — Groupe en ancienne porcelaine de Saxe : berger, bergère, chien et mouton ; décor polychrome. Sur socle rocaille en bronze doré.

Hauteur totale, 18 cent.; larg., 18 cent.

197 — Groupe en ancienne porcelaine de Saxe : sujet galant à deux personnages ; les costumes à riche décor polychrome. Sur socle rocaille en bronze doré.

Hauteur totale, 19 cent.; larg., 24 cent.

198 — Groupe en ancienne porcelaine de Saxe composé de deux personnages et de deux moutons : jeune berger enlaçant une bergère de fleurs ; décor polychrome.

Haut., 15 cent.; larg., 19 cent.

199 — Petit groupe en ancienne porcelaine **de** Saxe : jardinier et jardinière debouts ; décor polychrome.

Haut., 15 cent.

200 — Autre groupe de deux figures, en ancienne porcelaine de Saxe : le chasseur entreprenant ; décor polychrome.

Haut., 14 cent.

201 — Statuette de personnage debout costumé à l'orientale et coiffé d'un bonnet pointu ; la terrasse est semée de fleurettes en relief. Saxe.

Haut., 23 cent.

202 — Deux panthères assises se faisant pendants, en ancienne porcelaine de Saxe, décorées au naturel, et montées sur des socles rectangulaires en bronze doré, ornés au pourtour de rosaces en relief.

Hauteur totale, 19 cent.

203 — Deux candélabres à trois lumières formés de branchages en bronze ciselé et doré et ornés chacun d'une statuette en ancienne porcelaine

de Saxe, de personnage debout vêtu à l'orientale ; fleurettes de même porcelaine.

Haut., 35 cent.; larg., 34 cent.

BISCUITS DE NIEDERWILLER

PORCELAINES DE FRANKENTHAL

ET DE VIENNE

204 — Trois groupes en ancien biscuit de Niederwiller sur socles de même porcelaine : bacchanales. Le plus grand de ces groupes présente une jeune bacchante tenant d'une main une coupe et de l'autre versant à boire à un bacchant assis auprès d'elle ; plusieurs amours, dans diverses attitudes, complètent cette composition.

Les deux autres groupes sont composés chacun d'enfants bacchants, l'un sonnant de la trompe, les autres jouant des timbales, un autre enfin tombé à terre, une amphore à la main.

Hauteurs totales, 37 cent.; 29 cent.; 27 cent.

205 — Groupe de trois figures en ancienne porce-

laine de Frankenthal : le Concert. Une jeune
fille joue du clavecin ; un jeune garçon joue du
violon et un autre de la basse ; décor polychrome.

Haut., 22 cent.

206 — Groupe de deux figures et d'un mouton en
ancienne porcelaine de Frankenthal : bergère
chantant et berger jouant de la mandoline ; sur
socle rocaille à ornements découpés.

Haut., 18 cent.

207 — Statuette en ancienne porcelaine de Frankenthal : Junon debout ; costume à décor polychrome.

Haut., 23 cent.

208 — Groupe de deux figures en ancienne porcelaine de Vienne : la Leçon de flûte ; décor polychrome.

Haut., 21 cent.; larg., 24 cent.

PORCELAINES DE CHINE

209 — Deux vases-rouleaux en ancienne porcelaine de Chine, à décor doré de paysages sur
fond bleu fouetté.

Haut., 46 cent.

210 — Vase en ancienne porcelaine de Chine, à décor d'oiseaux et de branchages en dorure sur
fond gros bleu.

Haut., 47 cent.

211 — Vase piriforme à deux petites anses et col
évasé, en ancien céladon bleu-turquoise truité
de la Chine.

Haut., 35 cent.

212 — Vase balustre quadrilatéral à deux petites
anses têtes d'animaux chimériques, en ancien
céladon bleu-turquoise de la Chine.

Haut., 34 cent.

MATIÈRES DURES

213 — Deux beaux vases de proportions monumentales avec couvercles et sur gaînes cylindriques cannelées, en granit feuille morte oriental ; le couvercle est décoré de feuillages en relief ainsi que le culot ; la panse est creusée de cannelures obliques ; deux mascarons têtes de satyres en bronze doré tiennent lieu d'anses et les canaux de la panse et de la gaîne sont richement ornés de pampres et de branches de laurier également en bronze doré.

Hauteur totale, 2 m. 65.

214 — Deux fûts de colonnes cannelées en porphyre rouge oriental, avec tore et embase en bronze ciselé et doré et socle en marbre blanc.

Hauteur totale, 1 m. 36.

215 — Deux fûts de colonnes en marbre vert antique, à cannelures en spirale garnies à leur partie inférieure de tigettes en bronze ciselé et doré. Embases à gorge et tore de laurier en bronze doré et plinthe en granit rose oriental.

Hauteur totale, 1 m. 21.

BRONZES D'AMEUBLEMENT ET PENDULES

216-217 — Quatre magnifiques torchères, du temps de Louis XVI, formées chacune d'un vase ovoïde à panse bleuie et à gorge à cannelures en spirale garnies de modillons en bronze ciselé et doré. Entre la panse du vase et la gorge, règne une frise de feuillages ciselés et dorés. Sur cette dernière sont assises deux sirènes en bronze vert, qui sont reliées entre elles par une forte guirlande de fruits et de feuillages en bronze ciselé et doré qui s'applique sur la panse.

De la partie supérieure du vase s'échappe un flambeau enflammé auquel sont rattachées cinq branches porte-lumières dont deux à enroulements, en bronze ciselé et doré.

Ces torchères, de la plus belle ordonnance et dont l'exécution est des plus remarquables, proviennent de la célèbre collection du duc de Hamilton. (Hamilton Palace.)

Haut., 1 m. 42.

218 — Deux candélabres à dix lumières en bronze ciselé, doré et bleui, du temps de Louis XVI ; ils sont formés chacun d'un vase à culot godronné ;

le long du col du vase sont fixées les branches
porte-lumières qui se terminent en têtes d'oiseaux ; ils reposent sur un trépied à têtes d'aigles
et pieds de biche.

Haut., 92 cent.

219 — Deux flambeaux, du temps de Louis XV, en
bronze ciselé et doré, ornés de motifs rocaille et
de faisceaux de baguettes enrubannées dont les
prolongements terminés en petites volutes ser-
vent de pieds aux flambeaux.

Haut., 28 cent.

220 — Deux beaux chenets, du temps de Louis XVI,
en bronze ciselé et doré ; ils sont formés chacun
de deux sphinx adossés et séparés par une cassolette enguirlandée, à couvercle surmonté d'une
graine et à quatre pieds avec tige centrale entourée de serpents entrelacés ; base oblongue
ornée de torches enflammées et de couronnes de
fleurs.

Ils proviennent de la Collection du Duc de
Hamilton. (*Hamilton Palace.*)

Haut., 57 cent.; larg., 31 cent.

221 — Pendule, du temps de Louis XIV, en marqueterie d'écaille et de cuivre, à décor de rin-

ceaux, de masques du soleil et de personnages ; elle est ornée d'une statuette de Renommée, de vases de flammes, de cariatides de femmes, de chutes, d'encadrements, d'un bas-relief : char d'Apollon, et de chevaux couchés en bronze doré.

Haut., 1 m. 05 ; larg. 45 cent.

222 — Pendule, du temps de Louis XV, formée de branchages de chêne, avec fontaine et motifs rocaille en bronze ciselé et doré ; sur la base sont placés un groupe de deux personnages et deux figurines d'acteurs de la comédie italienne, en ancienne porcelaine de Saxe ; le mouvement, signé : *Benoist Gérard à Paris*, est surmonté d'une figurine d'enfant tenant une corbeille de fruits également en vieux Saxe ; les fleurs ornant les branchages sont aussi de même porcelaine.

Haut., 58 cent.; larg., 43 cent.

223 — Grande pendule, de la fin du règne de Louis XV, en bronze ciselé et doré, composée d'un vase à panse aplatie orné de fortes guirlandes de laurier et garni de deux anses doubles à enroulements.

Ce vase, terminé à sa partie supérieure par

une pomme de pin, repose sur un socle oblong orné de guirlandes de laurier et qui sert de base à deux statuettes de génies assis figurant la sculpture et l'architecture; l'un d'eux tient un buste de femme et l'autre s'appuie sur un chapiteau ionique.

Socle en marbre bleu turquin garni d'ornements en bronze ciselé et doré, de même style que la pièce elle-même, mais d'époque postérieure.

Elle provient de la célèbre Collection du Duc de Hamilton. (*Hamilton Palace.*)

Haut., 78 cent.; larg., 40 cent.

224 — Pendule, du temps de Louis XVI, en bronze ciselé et doré; le mouvement, signé *Viger, à Paris*, est porté par un fût de colonne cannelée et accosté d'une statuette d'Amour; socle oblong à guirlandes, mascarons et têtes de béliers; contre-socle en marbre griotte bordé d'un tore de laurier en bronze doré.

Haut., 70 cent.; larg., 54 cent.

225 — Deux candélabres à trois lumières, du temps de Louis XVI, formés chacun d'une statuette

d'amour debout en bronze patiné, tenant une corne d'abondance d'où naissent une torche enflammée et les branches porte-lumières en bronze ciselé et doré ; base cylindrique en marbre griotte garnie d'un tore de laurier en bronze ciselé et doré.

Haut., 1 m. 19 cent.

226 — Pendule, du temps de Louis XVI, en forme de lyre, en porcelaine dure de Sèvres émaillée gros bleu et garnie de bronzes ciselés et dorés au mat, tels que : guirlandes de fruits et de fleurs, branches de laurier, et à la partie supérieure, mascaron tête de femme entourée de rayons.

Mouvement de *Kinable* marquant les phases de lune et les quantièmes, avec balancier formé d'un cercle de stras.

Elle provient de la célèbre Collection du Duc de Hamilton. (*Hamilton Palace.*)

Haut., 64 cent.

227 — Pendule, du temps de Louis XVI, en bronze doré, avec cadrans émaillés par *Coteau*, dont deux présentent les signes du Zodiaque et les dieux de l'Olympe ; sur base en marbre blanc,

ornée de frises et de moulures en bronze doré.
Elle marque les heures, les minutes, les secondes,
les quantièmes, les phases de la lune, les jours
de la semaine, les mois, les années et contient
de plus un thermomètre. Elle est signée :
Regnault.

Haut., 78 cent.; larg., 38 cent.

228 — Pendule, du temps de Louis XVI, en marbre
blanc et bronze doré; le mouvement, signé :
Paraud, à Limoges, est surmonté d'une urne et
est entouré, ainsi que la base, de guirlandes de
laurier et de moulures.

Haut., 34 cent.; larg., 17 cent.

229 — Deux candélabres Louis XVI, à deux lumières,
en bronze patiné et doré, formés l'un, d'une
statuette d'enfant satyre, l'autre, d'une statuette
de jeune bacchante tenant les branches porte-
lumières, d'après Clodion.

Haut., 40 cent.

230 — Deux flambeaux formés chacun d'une colon-
nette et d'une base en albâtre oriental, avec

douille, chapiteau, guirlandes, tore de laurier, moulures et figurine d'enfant en bronze
ciselé et doré.

Haut., 30 cent.

BOIS DORÉS

231 — Console de suspension, du temps de Louis
XIV, en bois sculpté et doré, à tablette supportée
par trois statuettes en ronde bosse. La statuette
centrale, qui représente Mercure, repose sur un
mascaron tête de femme, et les deux autres sur
des motifs d'ornements. L'applique du fond
présente des rinceaux et des fleurs en relief.

Haut., 42 cent.; larg., 39 cent.

(Collection Séchan.)

232 — Console demi-circulaire, en bois sculpté et
doré, à ceinture ornée de rinceaux, de mufles
de lions et de guirlandes, à quatre pieds colonnettes cannelées, reliés par une tablette de forme
contournée, surmontée d'un trophée d'armes.
Dessus en marbre blanc. XVIIIe siècle.

Haut., 97 cent.; larg., 1 m. 23 cent.

233 — Lit en bois sculpté et doré, du temps de Louis XVI, à dossiers flanqués de colonnettes, orné de tores de laurier et garni de lampas à dessins d'attributs et de médaillons d'amours en blanc sur fond ponceau.

> Hauteur du chevet, 1 m. 25 cent.
> Largeur des dossiers, 1 m. 58 cent.

234 — Deux torchères en bois sculpté et doré, formées chacune d'une triple console sur base à volutes ; décor de fleurs et de rinceaux. xviiie siècle.

> Haut., 95 cent.

235 — Deux supports-appliques en bois sculpté et doré, à tablette supportée par deux cariatides séparées par un masque de soleil. Époque Louis XIV.

> Haut., 37 cent.; larg., 33 cent.

(Collection Séchan.)

MEUBLES DES XVIᵉ ET XVIIᵉ SIÈCLES

236 — Meuble Renaissance à deux corps en bois de noyer sculpté et incrusté de marbre noir taché de blanc.

Le corps inférieur ferme à deux portes décorées

de figures allégoriques debout, avec tiroir au-dessus qui offre à son centre une tête de chérubin en haut-relief.

Les portes du corps supérieur présentent chacune une figure allégorique debout avec, au-dessus et au-dessous, une figure de femme nue et un sphinx.

Une statuette de saint Michel a été rapportée à la partie supérieure du meuble.

Hauteur totale, 2 m. 30 cent.; larg., 1 mètre.

237 — Meuble Renaissance à deux corps, en bois de noyer sculpté, incrusté de plaques de marbre vert antique.

Le corps inférieur a ses deux portes décorées chacune d'une figure allégorique debout, et son tiroir présente à son centre un motif ornemental accompagné de pampres.

Le corps supérieur ferme à deux portes qui offrent chacune une figure debout avec génie ailé au-dessus. Les montants présentent des niches qui ont reçu postérieurement des figurines de bronze et qui sont placées entre deux colonnettes engagées.

Haut., 1 m. 80 cent.; larg., 1 m. 10 cent.

238 — Cabinet sur table-support en ébène sculpté ;
les deux portes présentent, en relief, les scènes
de l'Annonciation et de la Nativité entourées des
figures des Évangélistes et de sujets symbo-
liques ; les tiroirs sont ornés de bas-reliefs
mythologiques ; l'intérieur contient un tabernacle à deux vantaux orné de panneaux peints,
de figurines, de glaces et d'une balustrade, et le
revers des vantaux offre une perspective en
ivoire incrusté ; ce tabernacle s'ouvre, au milieu
de nombreux tiroirs décorés d'enfants, d'animaux
et de compositions mythologiques en bas-relief.

La table-support, à fond plein, est supportée
par quatre colonnettes cannelées. XVIIe siècle.

Haut., 2 m. 18 cent.; larg., 1 m. 79 cent.

239 — Bureau, du temps de Louis XIV, en marqueterie d'étain et de bois, à décor de rinceaux : il
contient de nombreux tiroirs, est surmonté d'un
corps mobile à quatre tiroirs et repose sur huit
pieds carrés reliés par une entretoise.

Haut., 86 cent ; long., 95 cent.

240 — Bibliothèque à deux portes vitrées en mar-

queterie d'écaille et de cuivre à décor de rinceaux et de feuillages ; entrées de serrures, mascarons et chutes en bronze. Époque Louis XIV.

Haut., 2 m. 32.; larg., 1 m. 38 cent.

MEUBLES DU XVIIIe SIÈCLE

ET AUTRES

241 — Grand et superbe bureau à cylindre, du temps de Louis XVI, en acajou moucheté, par *Riesener*. Le cylindre, à brisures, recouvre quatre tiroirs surmontés chacun d'un casier ; la base contient neuf tiroirs et, entre le cylindre et la tablette de marbre blanc placée sur le meuble, sont ménagés un pupitre à écrire debout et deux tiroirs ; ce bureau est orné, sur toutes ses faces, de riches garnitures en bronze ciselé et doré à l'or moulu, telles que, frises cannelées et feuillagées, encadrements, entrées de serrures, poignées en forme de corne d'abondance, anneaux et boutons de tirage, guirlandes de laurier et galerie ; de chaque côté du cylindre sont fixés, en outre, deux candélabres à deux lumières composés chacun de branchages

contournés également en bronze ciselé et doré.

Ce bureau fut donné par le roi Louis XVI au comte de Lezay-Marnésia avant la fuite à Varennes dont le comte fut l'un des organisateurs. Il ouvre au moyen d'une clef en fer ciselé et doré, à canon et panneton découpés en fleurs de lis et qui passe pour être l'œuvre du roi.

Haut., 1 m. 33 cent.
Long., 1 m. 64 cent.; prof., 81 cent.

242-243 — Deux beaux meubles à hauteur d'appui, du temps de Louis XVI, arrondis à leurs extrémités et formant étagères.

Ils sont en bois d'acajou moucheté et richement garnis d'ornements en bronze ciselé et doré.

La porte de chacun d'eux présente à son centre un biscuit de Sèvres de forme ronde à figures blanches sur fond bleu. Ils représentent chacun une scène ayant trait à l'hymen.

Les étagères, à fond de glace, sont garnies, ainsi que le dessus des meubles, de tablettes de marbre brèche violette.

Le bandeau, divisé en trois tiroirs, présente des cannelures de cuivre avec entredeux de motifs feuillagés en bronze doré. Sur le tiroir du centre est une couronne de fleurs avec un encadrement à moulures et à perles soutenu par deux génies qui se terminent en rinceaux feuillagés en bronze ciselé et doré.

Les montants sont ornés de chutes à volutes et les pieds en toupies sont garnis d'oves en bronze ciselé et doré.

Haut., 98 cent.; larg., 1 m. 35.

244 — Thermomètre et baromètre, de style Louis XIV, en marqueterie d'écaille, de cuivre et d'étain; encadrement de bronze ciselé et doré formé d'une moulure ornée et surmonté d'une sphère céleste placée entre deux amours.

Haut., 1 m. 9 cent.; larg., 13 cent.

245 — Deux petits écrans de cheminée, du temps de Louis XVI, en bois sculpté, laqué blanc et garni d'une feuille de soie fond bleu clair et dessin blanc. Ils sont de forme rectangulaire et reposent sur deux balustres et sur des pieds à volutes.

Haut., 85 cent.; larg., 41 cent.

246 — Commode à deux rangs de tiroirs, du temps
de la Régence, en marqueterie de bois de violette à quadrillés ; poignées, mascarons, chutes,
cul-de-lampe, sabots en bronze. Tablette de
marbre brèche d'Alep.

Haut., 80 cent.; larg., 1 m. 35 cent.

247 — Commode à deux tiroirs, du temps de
Louis XV, en marqueterie de bois satiné et de
violette, à décor de branches fleuries ; poignées,
chutes, sabots et encadrements de bronze. Tablette de marbre ranz.

Haut., 80 cent.; larg., 1 m. 40 cent.

248 — Cartonnier de forme contournée, reposant sur
un meuble à hauteur d'appui, fermant à deux
portes, en bois de placage, richement garni
d'ornements rocaille, en bronze ciselé et
doré, tels que chutes, moulures, encadrements,
mufles de lion, appliques, etc.

Il est surmonté d'une horloge de forme circulaire avec base à quatre griffes de lions et à
volutes aux angles reliées par des guirlandes de
laurier ; à sa partie supérieure se voit une pomme
d'amortissement en forme de groupe de fruits ;
cadran à cartouches d'émail.

Haut., 2 m. 20 cent.; larg., 1 m. 03 cent.

MEUBLES ET SIÉGES

COUVERTS EN TAPISSERIE ET EN SOIE

249 — Magnifique mobilier de salon, en bois sculpté et doré, couvert d'anciennes tapisseries de Beauvais à sujets militaires, d'après Casanova. Il se compose de deux grands canapés, de deux canapés plus petits et de douze grands fauteuils. Chacun des sièges présente deux scènes militaires et tous les sujets sont différents.

En présence de l'importance de ce meuble, nous nous réservons la faculté de le présenter en deux lots.

Grands canapés, larg., 1 m. 77 cent.
Petits canapés, larg., 1 m. 3 cent.
Fauteuils, larg., 63 cent.

250 — Écran en bois sculpté et doré, à guirlandes et feuillages. Feuille en tapisserie, du temps de Louis XV, présentant un enfant jouant de la flûte, assis au pied d'un arbre, avec fond de paysage animé de deux personnages.

Haut., 1 m. 30 cent., larg., 85 cent.

251 — Meuble de salon, du temps de Louis XVI, en bois sculpté, modèle à médaillon ovale, à postes, sequins, feuillages et perles et rechampis de blanc. Il est couvert de soie bleu clair à décor de fleurs, entrelacs de feuillages et glands brochés blanc. Il se compose d'un grand canapé avec deux coussins, de deux bergères, de six grands fauteuils et de cinq fauteuils plus petits

Un certain nombre de pièces composant ce meuble portent la signature de G. Jacob.

TAPISSERIES

Suite importante de quatre Tapisseries
provenant de la célèbre Collection Séchan :

252 — *Le Mois de Juillet.* Divers personnages se livrent aux travaux de la moisson ; cette composition, entourée du zodiaque, est surmontée d'une figure de femme assise tenant de la main gauche des épis de blé et une serpe. A droite et à gauche, on lit cette inscription : RUMANIA, CONCINE. A l'extérieur du zodiaque, à droite, une figure de femme, près de laquelle on lit : PESTILENCE. A gauche, dans le haut :

PLEURESIS. Dans le bas, à droite, une autre figure de femme, près de laquelle on lit : OVI-NANCIE. Dans le bas, à gauche, une figure de femme, près de laquelle on lit : FEBRES. Travail flamand. xvie siècle.

Haut., 4 m. 54 cent.; larg., 4 mètres.

(Collection Séchan.)

253 — Le Mois d'Août. Divers personnages se livrent les uns au battage du blé, d'autres au vannage du grain, d'autres enfin au hersage des champs. Une femme file la laine, une autre allaite son enfant. Ces personnages sont surmontés d'une figure de Cérès assise sur des nuages et tenant de la main gauche des épis. A droite et à gauche, une figure de femme ; à droite, cette inscription: CVCVI. INA; à gauche, cette autre : SEGESSA. Dans le bas à droite, un homme portant sur ses épaules un sac; et à gauche, une femme et un homme remplissant un sac de grain. Travail flamand du xvie siècle.

Haut., 4 m. 40 cent.; larg., 3 m. 90 cent.

(Collection Séchan.)

254 — Le Mois de Septembre. Grande tapisserie de

la même suite que les précédentes, montée en portière : les signes du zodiaque entourent un grand médaillon central, représentant : les Vendanges auxquelles préside Bacchus ; dans le haut, à gauche, Sémélé (SEMELA) et, en face d'elle, dans le haut à droite, la figure de Jupiter (JVPITER). Dans le bas, à droite et à gauche, des épisodes de vendanges. La bordure est composée de deux torsades bleues et blanche entre lesquelles courent des guirlandes de fruits et de fleurs. Travail flamand du XVIe siècle.

Haut., 4 m. 54 cent.; larg., 4 m. 25 cent.

(Collection Séchan.)

255 — *Le Mois d'Octobre.* Les hommes ensemencent les champs en présence d'une femme assise près d'une vigne chargée de fruits, la main gauche sur la tête de son enfant, tandis que de la droite elle tient une quenouille. Ces personnages sont dominés par une figure de Jupiter assis sur des nuages. En haut, à droite et à gauche, deux figures allégoriques du Vent avec ces inscriptions : SVPERNAS et NOTVS. En bas, à droite, deux hommes récoltent des pommes ; à gauche, un chasseur ramène des

oiseaux dans un filet. Travail flamand du xvie siècle.

Haut., 4 m. 25 cent.; larg., 3 m. 78 cent.

(Collection Séchan.)

256 — Grande et très belle tapisserie des Gobelins, du temps de Louis XIV, d'après Le Brun, faisant partie de la suite intitulée : l'Histoire du Roi. Elle représente le Renouvellement de l'alliance entre la France et les Suisses. En l'église Notre-Dame de Paris, remplie d'une nombreuse assistance, le roi et le représentant des Suisses prêtent, sur les Saintes Écritures, le serment d'observer le traité ; ils sont tous deux accompagnés d'une suite de personnages portant les plus riches costumes. Cette tapisserie est encadrée d'une bordure aux armes de France et au chiffre du roi, ornée d'une bande fleurdelisée et en-guirlandée de fleurs et de fruits ; à la partie inférieure, la légende : *Renouvellement d'alliance entre la France et les Suisses, fait dans l'église de Notre-Dame de Paris par le roy Louis XIV et les ambassadeurs des XIII Cantons et leurs alliés, le XVIII novembre 1663.*

Haut., 3 m. 74 cent., larg.; 5 m. 67 cent.

257 — *Bacchus*. Superbe tapisserie des Gobelins, de la tenture des Dieux, composée par Audran et exécutée sous la direction de Cozette. Elle est entourée d'un riche encadrement losangé qui enserre un motif décoratif d'une extrême élégance, dans le goût de Bérain, et qui comprend tous les attributs relatifs au dieu lequel, reposant sur un nuage, est placé au centre de la composition. Bacchus, la tête légèrement émue d'ébriété, tient dans la main droite une coupe à demi-pleine de vin et de la main gauche un thyrse dont un jeune faune dévore une des grappes. Dans le bas, à droite, un autre jeune faune presse le jus du raisin dans la gueule d'une panthère ; à gauche, une jeune faunesse joue des cymbales, tandis qu'à ses pieds une autre panthère se grise de raisin. Signée, dans le bas à droite : G^s. (abréviation de Gobelins), avec une fleur de lys et le nom : *Cozette*.

Haut., 3 m. 60 cent·; larg., 2 m. 55 cent.

258 — *Bacchus*. Contrepartie de la tapisserie précédente : le dieu tient la coupe de vin de la main gauche et le thyrse de la droite ; à la droite aussi se trouve le jeune faune ; dans le bas, le faune qui verse le jus d'une grappe dans la gueule de la

panthère occupe la gauche et la faunesse la
droite.

Haut., 3 m. 15 cent.; larg., 2 m. 55 cent.

259 — Cérès. Superbe tapisserie des Gobelins, de
la tenture des Dieux, composée par *Audran* et
exécutée sous la direction de *Cozette*. Elle est
entourée d'un riche encadrement losangé qui
enserre un motif décoratif d'une extrême élégance dans le goût de Bérain, et qui comprend
tous les attributs relatifs à la déesse, qui, reposant sur un nuage, est placée au centre de la
composition. Cérès, la tête couronnée d'épis,
tient un flambeau allumé de la main droite et de
la gauche une gerbe de blé ; à sa droite est assis un enfant tenant une serpe à la main. Dans
le bas à droite un enfant boit à côté d'un chien
altéré, et un autre, placé à gauche, vend du
grain.

Haut., 3 m. 20 cent., larg., 2 m. 57 cent.

260 à 262—Trois tapisseries françaises du XVIIIᵉ siècle.
La première représente la toilette de Vénus ; la
seconde, Vénus et Vulcain ; la troisième, le som-
meil de Vénus.

Sur la première, la gauche est occupée par
le péristyle d'un palais d'où divers amours
apportent des parfums, des fleurs, des bijoux ; le

centre est occupé par Vénus assise au bord d'un lac ; elle regarde dans un miroir que lui présente un amour, tandis qu'un autre lui attache ses sandales et que trois nymphes, debout derrière elle, s'occupent des soins de sa chevelure. Le fond est occupé par un vaste palais au-dessus duquel on distingue dans les nues le char de la déesse, attelé de cygnes auxquels les amours donnent à boire. Vers la droite, trois amours s'apprêtent à diriger une gondole sur le lac ; toute la droite est occupée par une vaste fontaine jaillissante, avec bouquets d'arbres à l'arrière-plan. Encadrement de tore de laurier.

Sur la deuxième, la gauche est occupée par de grands arbres, coupés par un nuage sur lequel se voit Diane, la lance à la main, le croissant en tête, accompagnée de deux de ses nymphes. Au bas de ces arbres, devant une grande draperie rouge, Vénus, assise sur un lit de repos, contemple un bouclier décoré d'un cœur percé d'une flèche, bouclier que lui présentent deux amours ; Vulcain est étendu sur l'herbe aux pieds de la déesse, s'appuyant de la main gauche sur le manche d'un marteau qu'il tient de la main droite ; devant lui un amour essaye la pointe d'une flèche, un autre fabrique un arc ; près d'eux, à terre, un carquois, des

flèches et deux arcs. Tout l'arrière-plan est occupé par un fond de paysage avec cours d'eau ; des
amours s'y exercent à tirer de l'arc : suspendu
à un arbre un bouclier décoré d'un cœur percé
d'une flèche leur sert de cible. A droite, la forge de
Vulcain, mise en activité par des amours, fabrique
des flèches. Encadrement de tore de laurier.

Sur la troisième, se voit à droite la déesse
nue sommeillant, avec deux amours derrière
elle, indiquant du doigt de faire silence ; un
troisième cherche à tirer à lui une draperie
pour voiler Vénus aux regards d'Adonis, qui, précédé d'un autre amour, s'avance au centre de la
composition en tenant une lance de la main
droite et un chien en laisse de la gauche. Le
côté gauche est occupé par des amours dont
les uns se baignent dans une chute d'eau, tandis qu'un autre s'apprête à saisir une des pommes que quatre amours lancent du haut d'un
arbre qui s'élève derrière la déesse. Tout le fond
est occupé par une rivière formant une succes-
sion de cascades. A l'arrière-plan, des amours
se livrent à la pêche au bord d'un paysage montagneux ; dans le ciel voltigent deux amours
qui déploient une écharpe rose. Encadrement
de tore de laurier. Série très décorative.

Hauteurs et largeurs : 2 m. 89 cent.

263-265 — Trois bonnes grâces en tapisserie de Beauvais, simulant des draperies frangées, décorées de festons de fleurs polychromes.

Largeur : 2 m. 10 cent. environ.

266 — Deux cantonnières formées chacune de trois parties de bordure de tapisserie flamande, à décor de rinceaux, de fleurs, de fruits, de brûle-parfums et d'oiseaux. Époque Louis XIV.

Haut., 2 m. 93 cent.; larg., 1 m. 78 cent.

267 — Petit carré en tapisserie du temps de Louis XIII : scène de chasse.

Haut., 40 cent.; larg., 35 cent.

268 — Petit panneau en tapisserie du xvie siècle : personnages mythologiques dans un paysage.

Haut., 45 cent.; larg., 73 cent.

269 — Petit panneau en tapisserie d'Aubusson, du temps de Louis XVI, pouvant servir de feuille d'écran : enfant jouant de la cornemuse et placé dans un médaillon.

Haut., 75 cent.; larg., 60 cent.

270 — Feuille d'écran en tapisserie des Flandres du xviiie siècle : danse de paysans dans la manière de Teniers; composition de quatre personnages.

Haut., 80 cent.; larg., 58 cent.

271 — Feuille d'écran en tapisserie des Flandres du xviiie siècle : cortège de paysans dans la manière de Teniers; composition de quatre personnages, l'un d'eux monté sur un âne.

Haut., 78 cent.; larg., 58 cent.

272 — Dix pièces : garniture de deux fauteuils et d'un petit canapé en tapisserie, du temps de Louis XV, à décor de personnages et d'animaux avec encadrements de fleurs et de motifs rocaille sur fond jaune.

273 — Petit panneau en tapisserie du temps de Louis XV : chien dans un paysage, encadré de motifs rocaille à fond rose.

Haut., 68 cent.; larg., 55 cent.

274 — Quatorze pièces : garniture de sièges et d'un canapé en tapisserie, du temps de Louis XVI,

à décor d'animaux dans des compartiments encadrés de moulures et de fleurs sur fond verdâtre.

275 — Quatre pièces : garnitures pour sièges en
tapisserie, du temps de Louis XV, à fleurs sur
fond jaune, avec encadrements rocaille bleus.

276 — Petit fragment en tapisserie du temps de
Louis XVI : la petite jardinière ; encadrement
de draperie.

TAPISSERIES AU PETIT POINT

277 — Importante suite de sept curieuses bandes
en largeur, en tapisserie au point, de la fin du
XVIᵉ siècle. Compositions tirées de l'histoire de
Catherine de Médicis ; chacune d'elles offre dans
dans des parcs ou des salles de châteaux, de
nombreux personnages vêtus des plus riches
costumes de l'époque et semblant représenter
entr'autres Henri II, François II, Charles IX,
Henri III, Catherine de Médicis, etc. ; quatre
d'entre elles sont relatives à François II, deux

aux luttes contre les Huguenots, la dernière au mariage de Henri III.

Haut., 55 cent.

Larg , 1 m. 27 cent. ; 2 m. 10 cent.; 2 mètres ;

1 m. 28 cent. ; 2 m. 10 cent. ;

1 m. 70 cent. ; 1 m. 68 cent.

278 — Trois bandes en largeur en tapisserie au point, du temps de Henri IV : de nombreux personnages, drapés dans des costumes antiques, se livrent à diverses occupations champêtres : les uns font paître des brebis, les autres se reposent à l'ombre des arbres, d'autres s'occupent à chasser. L'un d'eux paraît représenter le roi et ces compositions semblent être une allégorie aux bienfaits de la paix qu'il a donnés à son peuple.

Haut., 36 cent

Larg., 2 m. 8 cent. ; 1 m. 80 cent.; 1 m. 78 cent.

279 à 284 — Suite précieuse de six grands panneaux en fine broderie au petit point, rehaussée de broderies d'or ; scènes allégoriques relatives à l'expulsion des Maures du royaume de Grenade : ces scènes comprennent chacune un grand nombre de personnages très richement vêtus et se déta-

chant sur fond, soit de paysages, soit d'architecture ; larges bordures de feuillages présentant aux angles deux sujets alternant : figure symbolique de l'Eglise triomphant des infidèles et groupe formé d'un ange montrant du doigt à un enfant les sujets de chaque panneau. Travail espagnol du XVIe siècle.

Hauteur de chaque broderie : 3 m. 30 cent.
Larg., 2 m. 80 cent.

285-286 — Quatre portières en tapisserie au point, provenant de l'ancien château de Bercy, entièrement entourées d'un encadrement formé de lambrequins fleuris. Sous un motif architectural auquel est suspendu un trophée composé d'un carquois, d'un bouclier et de lances se détachant sur une draperie rouge et chamois, se voient, dans l'une, une femme debout, tendant la main vers un jeune cavalier placé dans l'autre portière et qui de la main droite lui présente un bouquet. La troisième représente un jeune musicien jouant du violon, la tête tournée vers la danseuse qui occupe la quatrième tapisserie. Ces figures s'enlèvent sur un fond bleu de ciel. Le bas de chaque tapisserie est occupé par un motif emprunté à Bérain et sous lequel se voient des fleurs dans le goût de Baptiste. Elles sont montées sur velours grenat. XVIIIᵉ siècle.

Haut., 3 m. 70 cent. ; larg., 1 m. 25 cent.

(*Collection Séchan.*)

287 — Deux panneaux en hauteur, en tapisserie au point, du temps de Louis XIV : chacun d'eux présente, sur fond de palmettes et d'oiseaux, trois réserves contenant des groupes allégoriques aux parties du monde, au jardinage, à la chasse.

Haut., 2 m. 80 cent.

288 — Petit panneau en tapisserie au point : l'Archange saint Michel terrassant le démon. XVIIᵉ siècle.

289 — Feuille d'écran en tapisserie au point du XVIIᵉ siècle : deux personnages dansant ; fond noir à rinceaux.

290 — Deux pièces : siège et dossier en tapisserie au point, à décor de deux oiseaux, de rinceaux et de palmettes.

291 — Feuille d'écran en tapisserie au point : le

Vieillard et les trois jeunes hommes, d'après la fable de La Fontaine.

292 — Canevas en partie brodé et préparé pour former trois feuilles d'écran : figures allégoriques dans des paysages. XVIIᵉ siècle. Encadrements de rinceaux, fleurs et oiseaux d'époque postérieure.

293 — Deux petits panneaux en tapisserie au point du XVIIᵉ siècle : marchands de poissons ; fond de rinceaux.

294 — Quatre lambrequins pour tour de lit en tapisserie au point du XVIIᵉ siècle : compartiments contenant des vases de fleurs et des branches fleuries sur fond jaune à rinceaux.

295 — Siège en tapisserie au point du XVIIᵉ siècle : danseuse et musicien.

296 — Panneau en tapisserie au point : sujet tiré de La Fontaine ; grisaille sur fond vert.

297 — Grand panneau formé de fragments de tapisserie au point, à décor de fleurs. xviie siècle.

298 — Deux bandes en hauteur en broderie au
point, à fleurs en grisaille sur fond rouge.

299 — Quatre petits panneaux en tapisserie au
point, à fleurs sur fond blanc.

300 — Quatre petits panneaux en tapisserie au
point : vases de fleurs et rinceaux sur fond
jaune. xviie siècle.

ÉTOFFES ET BRODERIES

301 — Superbe tenture composée de douze panneaux
et lambrequins, variés de dimension, en broderie
de soies de couleur sur canevas : décor de
grands rinceaux, de vases, de feuillages et de
fleurs sur fond jaune. xviie siècle.

Six à 2 m. 30 cent. sur 1 m. 75 cent. —
2 m. 25 cent. sur 0 m. 65 cent. —
2 m. 25 cent. sur 1 m. 20 cent. —
2 m. 10 cent. sur 0 m. 35 cent. —
2 m. 20 cent. sur 1 m. 25 cent. —
1 m. 90 cent. sur 2 m. 35 cent. —
Six à 0 m. 40 cent. sur 2 m. 10 cent.

302 — Belle tenture composée de neuf panneaux variés de dimensions, en satin blanc damassé et piqué, brodé au passé, en chenille et au plumetis en soies de couleur et avec soutaches : décor de figures, rosaces, grosses fleurs, encadrements, entrelacs et rinceaux. XVIIe siècle.

Surface totale : 12 mq. environ.

303 — Trois panneaux en satin rouge broché, présentant au centre l'un, un monogramme, l'autre, un écusson armorié, timbrés d'une couronne ; encadrements d'entrelacs. XVIIe siècle.

Haut., 2 m. 75 cent.; larg., 1 m. 95 cent.

304 — Robe de fillette en coteline de soie crème, Louis XVI, à semis de bouquets de roses et à rayures verticales ton sur ton, accompagnée de sa jupe de même tissu.

305 — Trois morceaux de dauphine, gorge de pigeon, brochés de rubans bleus, d'où s'échappent des bouquets de fleurs de couleurs. Epoque Louis XV.

Longueurs : 3 m. 94 ; 3 m. 64 ; 1 m. 50.

306 — Quatre lés de satin blanc Louis XIII, très richement lamé d'or et de ramages de fleurs roses, lilas et bleues, ainsi que de feuillages verts.

Larg., 1 m. 17 cent.; long., 2 m. 06 cent.

307 — Jupe de huit lés en dauphine blanche, damassée et brochée dans le bas de riches bouquets de fleurs. Superbe travail français du temps de Louis XV.

Largeur des lés, 53 cent.; longueur des lés, 1 m. 08.

308 — Deux corsages et deux jupes de cinq lés et demi de taffetas chamois clair, damassé de points blancs et broché de feuillages blancs et de bouquets de couleurs. Epoque Louis XVI.

Long.., 2 m. 55 cent.; larg., 96 cent.

309 — Jupe en dauphine Louis XVI, gris azuré, à décor de rayures blanches, autour desquelles s'enlacent des rinceaux de fleurs de diverses couleurs. Très belle qualité.

Long., 3 m. 20 cent.; larg., 1 m. 7 cent.

310 — Jupe en taffetas blanc, à rayures blanches et roses, les unes semées de guirlandes de fleurs, les autres de fleurettes. Epoque Louis XVI.

Haut., 94 cent.; long , 3 mètres.

311 — Trois lés assemblés de soie bouton d'or, brochés de bouquets de roses et de fleurettes de couleur. Epoque Louis XV.

Haut., 99 cent.; larg., 1 m. 54 cent.

312 — Deux morceaux de satin bleu, broché de dessins chinois, pagodes et paysages animés, en diverses couleurs. Epoque Louis XV.

Long., 0 m. 97 cent. et 1 m. 27 cent.

313 — Jupe et cinq morceaux de corsage, en satin Louis XV, jaune pâle, brochés de branches de fleurs lilas, bleues, jaunes et roses.

314 — Jupe en taffetas vert d'eau, brochée de rinceaux blancs entrecoupés de branchages de fleurs et de bouquets. Epoque Louis XV.

Long., 4 m. 50 cent

315 — Feuille d'écran en satin blanc, encadré d'un filet au point de chaînette; dans le haut, de deux anneaux s'échappent un ruban de soie bleu de ciel, qui court tout le long de ce filet en formant des nœuds; à droite et à gauche, deux légers branchages verts avec fleurs; au centre, un bouquet de fleurs lié par un ruban rose. Epoque Louis XVI.

316 — Semainier en soie bleu clair brodée de soies de couleur et décor de vases de fleurs. xviie siècle.

317 — Quatre panneaux brodés de soies de couleur sur canevas, à décor de couronnes, de fleurs et d'entrelacs. xviie siècle.

Haut., 95 cent.; larg., 2 m.

318 — Panneau en soie blanche brodée au passé en soies de couleur et de métal; au centre, un écusson armorié timbré d'une couronne; alentour, des rinceaux fleuris. xviie siècle.

Haut., 90 cent.; larg., 2 m.

319 — Panneau en broderie de soies de couleur :

au centre, écusson armorié timbré d'une couronne ducale ; fond de rinceaux fleuris. Travail
des colonies espagnoles. XVIIe siècle.

320 — Bande formée de morceaux de brocatelle,
à dessin jaune sur fond rose : saints personnages,
têtes de chérubins, monogrammes du Christ.
Italie. XVIe siècle.

Long., 2 m. 60 cent.; larg., 23 cent.

321 — Sept pièces : panneaux et lambrequins de
dimensions variées en satin rouge broché, à
fleurs crème.

322 — Panneau en ancien damas rouge, à grands
ramages.

3 m. × 2 25

www.ingramcontent.com/pod-product-compliance
Ingram Content Group UK Ltd.
Pitfield, Milton Keynes, MK11 3LW, UK
UKHW031842170726
13836UKWH00004B/1835